# 황혼이야기

안건일 수필집

다솜출판사

## 책머리에

나의 창엔 언제나 노을이 짙다.
1950년대 초엽, 학생잡지 <학원>에 투고하면서부터 시작된
문도(文道)의 연륜이 70을 넘었기 때문인가.

긴 세월이었지만 스스로를 글쟁이라고 생각한 적은 한 번도
없었고 그렇다고 읽고 쓰기를 멀리한 적도 없었다.
늘 심심파적의 친구가 되어주는 글이 고마울 뿐이다.

10년 혹은 더 오래 전에 잡지에 실었던 글들에 묻은 세월 때가
싫어
책으로 펴 내지 않고 덮어버리려고 여러 해를 묵혀왔었다.
그러나 수필이란 게 신변잡기(身邊雜記)인지라

글 속 친지들의 호흡까지도 덮어버리는 게
파렴치(破廉恥)가 아닐까하는 내면의 소리에 떠밀려
해묵은 글들을 묶어본다.

좋은 사진을 보내주신 박상현 작가님과 아내 박영희께 감사 드리고
오래 전에 해묵은 원고를 정리하느라 수고하셨던 <숲길>동인의 김정숙 시인께 늦은 감사를 전한다.

2023년 가을에
안 건 일

# 차례

## 2. 손녀와 봄

# 차례

## 3. 황혼이야기

## 4. 세상돋보기

# 차례

## 5. 살며, 생각하며

## 6. 자화상

# 1. 그리운 사람들

# 루이 13세

<루이13세>라는 이름을 가진 유명한 술(酒)이 있다. 17세기 프랑스 왕 루이 13세는 9살의 나이에 왕위에 올라 어머니의 섭정(攝政)을 받으면서 정치에 참여하게 되며, 섭정이 끝나자 어린 왕과의 사이가 극도로 악화된 어머니 마리가 궁전을 뛰쳐나가 군사를 모아 쳐들어오게 됨으로써 내전까지 치러야 했던 불행한 왕이었는데, 왜 <루이 13세>라는 왕명을 술의 이름으로 택했는지는 알 수 없는 일이라 후일 누군가에게 물어보리라.

우리나라에는 연중 극소량밖에 들어오지 않는다는 이 술은 백년 이상의 숙성기간을 거쳐서 상품화되는 꼬냑 종류의 귀한 술로서 공항면세점 가격이 3,300$이며, 시내 백화점 명품관의 가격은 8,000$ 정도라고 하지만 그 가격으로도 구하기가 쉽지 않다고 한다. 술을 먹고 난 후의 빈병 값도 20여만 원, 병을 담

았던 상자까지 있으면 30여만 원이라 하니 가히 술의 황제라 하겠다.

나는 체질적으로 술과는 거리가 멀다. 그래선지 술에 대한 지식도, 관심도 없는 편인데 '루이 13세'란 소리에는 귀가 번쩍 뜨이는 나만의 내력이 있다.

강남의 어느 불고기집에서 저녁을 함께하는 자리다. H는 웃음 섞인 말투로 '술맛도 모르는 내 주제에 오늘 과한 술값을 지불했다'며 말을 꺼낸다. 어느 월간지에 실린 J 전 대통령 부인 L여사와 기자와의 대담 기사를 읽었단다. 'J 전 대통령께서는 어떤 술을 제일 좋아하시느냐'는 기자의 물음에 '루이 13세라는 술의 맛이 기막히게 좋다고 하시지만 그 술은 너무 비싸서 엄두도 못 내고, 평소에는 스카치위스키를 즐겨 드신다'는 부인의 대답이었다고 한다.

<루이 13세>가 얼마나 비싼지는 몰라도 대한민국의 대통령을 지낸 사람이 먹고 싶은 술을 먹지 못한다는 것은 슬픈 일이라는 생각이 들었다는 것이다. 지난 날 야당의 초선의원으로 정치에 입문하여 J 정권의 독재권력에 핍박 받던 일을 생각하면 감정적으로야 미운 사람이지만, 역대의 어느 대통령도 공과(功過)는 있었던 것이고, 돌이켜 냉철하게 J 대통령의 치적을 평가한다면 과실보다는 공로가 컸다는 게 H의 신념인지라 불

현듯 J 전 대통령에게 그 술 한 병을 선물하고 싶어졌다는 것이다. 자신의 주머니 사정으로야 비싼 술을 선물할 형편이 아니지만 빚을 얻어서라도 그 술 한 병만은 선물해야 마음이 편할 것 같아서 내친김에 수입양주 판매점을 찾아갔다는 것이다.

<루이 13세>가 있었다. 황제답게 화려한 치장을 하고 주위를 압도하는 당당함에 시선이 끌렸던 것까지는 좋았으나 다음 순간 $8,000이란 가격표 앞에서 H는 멈칫했다. 자신의 몇 개월치 생활비다. 순간적으로 망설임이 일었으나 그는 자신의 결심을 바꾸고 싶지 않았다. 그러나 H의 호기(豪氣)는 또 다른 벽에 부딪치게 된다. 점원의 얘기로, H가 바라보고 있는 <루이 13세>는 진열품일 뿐, 재고상품이 없어 팔 수가 없다는 것이다. 일부러 찾아왔었고, 상상 밖의 고가(高價)에도 불구하고 큰 마음 먹고 사기로 결심한 물건을 눈앞에 두고 그냥 갈 수는 없는 노릇 아닌가. 장사하는 사람들이야 언제든지 구할 수 있는 물건일 터인즉 다시 구해서 진열품으로 쓰고, 진열되어 있는 물건을 상품으로 팔아달라는 H의 주장과 그럴 수 없다는 점원의 주장이 양보 없이 맞서게 되자 H는 방향을 바꿀 수밖에 없었다. 가게의 책임자를 만나게 해달라는 H의 점잖은 요청에 점원 아가씨는 어딘가에 전화를 걸었고 오래지 않아 나이가 지긋해 뵈는 남자가 나타났다.

"아니 OO님께서 직접 저희 가게를 찾아주시다니 감사합니다."

H의 직전 관직을 부르면서 노련한 태도로 남자는 자신의 명함을 H에게 전했다.

"직원으로부터 전화로 보고를 받았습니다만 루이13세를 오늘 당장 쓰실 게 아니시라면 십여 일 정도만 여유를 주십시오. 아주 좋은 물건을 구해드릴 수 있습니다.

H는 영문을 몰라 반문했다.

"아니 저 물건을 사겠다는데 열흘은 뭐고 좋은 물건은 뭡니까?"

"보시다시피 저 물건은 값이 비싸므로 권해드리기가 송구스럽고, 한두 주일만 말미를 주시면 꼭 같은 물건인데 세금 물지 않고 뒷거래되는 걸로 3분지 1의 가격이면 구해드릴 수 있다는 말씀을 드리는 겁니다"

표정이 굳어진 H는 정색을 하고 일갈(一喝)했다.

"세금 안 낸 밀거래 술을 먹으란 말입니까? 이토록 번듯한 가게에서 밀거래 물건을 취급 하신다는 말씀이군요."

그 순간 남자는 도둑질 하다가 들켜버린 듯 당황한 표정이 된다.

H는 신용카드와 함께 J 전 대통령의 주소가 적힌 쪽지를 남자의 손에 쥐어 주면서 택배비용까지 합하여 결제하라고 했다. 고맙다는 칭찬을 들을 줄 알고 슬쩍 꺼냈던 남자의 한 마디가 오히려 덫이 되어 자신의 발목을 묶고 말았으니 남자는 꼼짝도 못하고 시키는 대로 할 수밖에 없었던 것이다.

분수에 맞지 않은 큰 비용을 썼지만 마음은 한결 가벼워졌다는 H의 표정은 그날따라 밝아 보였다.

국회의원 5선을 하면서도 전셋집에서 살았던 H의 처지에 그 비싼 술을 선물하고 싶어졌다는 신념은 파도소리 들리는 대양의 호방함이었다. 뒷거래되는 면세 술을 $3,000에 구입할 수 있다는데도, 세금 안 낸 술을 대통령이었던 사람에게 선물할 수 없다는 명분 때문에 거금 $8,000을 지불했던 그 순간 H는 양심과의 결투에서 자기를 지켜낸 인간승리자였다. 대한민국정치 70년사에 이 같이 대도(大道)를 걸었던 정치인이 몇이나 있었을까?

H가 떠난 지 일 년, 그의 아들에게서 아버지의 일주기 행사를 가족들과 친지 몇 분이 모여 조촐하게 치렀다는 메시지가 왔다. 작년 여름, 코로나가 극성을 부릴 때 그는 떠났고, 역병이 우심하므로 문상을 정중히 사양한다는 상주의 전갈이 있었다. 내가 문상을 가지 않았던 것은 상주의 부탁 때문이 아니라 그의 죽음을 쉽게 인정해버리고 싶지 않았기 때문이다. 그의 그림자 한 쪽을 가슴에 묻고 이제 그를 놓아주려한다, 미련 두지 말고 훨훨 날아가라고.

# 위의 H는 故홍사덕 의원임을 밝혀둡니다.

# 안동역의 그날

나는 기차 여행을 좋아한다. 창밖으로 흐르는 구름과 산과 숲, 그리고 강과 강둑과 둑길을 걷는 사람들의 모습을 좋아한다. 시골 역 풍경을 좋아한다. 열차가 시골 역에 닿고 오르내리는 몇 안 되는 사람들의 표정을 헤아려 보면서 그들 한 사람 한 사람이 소설 속의 주인공일 수 있다는 것과 내가 그 소설을 읽고 있다는 생각도 곧잘 한다.

운숙이를 처음 만난 것은 1960년, 대학 3학년 때의 봄 학기가 시작될 무렵이었다. 경기도 김포군 소사읍 신앙촌에 시온(Zion)교도들이 세운 시온고등학교에서 교편을 잡고 있는 외척(外戚)누나를 만나러간 일이 있었다. 당시의 시온교(敎)는 통일교보다 한층 더 세인들의 주목을 끌고 있었기에 시온교도들이 집단생활을 한다는 신앙촌에 대한 나의 호기심도 만만치 않았다.

야산을 까뭉개고 건설한 신앙촌의 첫 인상은 잘 정돈된 정갈함이었다. 생활 잡화를 판매하는 30여 평쯤 되어 보이는 가게에 <무인 판매점>이라는 간판이 붙었고 진열된 상품의 아래쪽에 가격표가 놓였을 뿐, 지키는 사람이 보이지 않고 물건 값을 수납하는 나무상자가 가게 가운데 놓여있을 뿐이라 시온교도의 정직성을 은근히 자랑하고 있는 듯하였다.

반색을 하며 마중 나온 누나를 따라 들어간 단칸방에 여학생 하나가 약간은 어색하고 수줍은 미소를 띠고 있었다. 누나와 함께 방을 쓰고 있는 시온고등학교 3학년 '운숙'이라 했다. 체구는 작고 얼굴빛은 가무스름하나 이목구비가 또렷하고 말씨나 태도가 야무져 보였다. 반찬이라고는 된장국과 김치밖에 없는 밥상이었지만 누나의 정이 곁들어진 더운점심이라 하숙 밥보다는 나은 한 끼니였다. 신앙촌을 하직하고 돌아설 때 운숙에게 서울 오는 걸음 있으면 연락하라며 하숙집 주소와 전화번호를 일러 주었다.

가을비가 오는 토요일 오후, 물어물어 찾아왔다며 내 하숙집을 들어서는 운숙을 두 번째로 만났다. 반가웠지만 방을 같이 쓰고 있는 친구에게 무어라 소개할 지가 망설여지는 순간, 운숙은 스스럼없이 오빠라고 부르면서 격의 없는 태도로 어색한 분위기를 씻어주는 재치를 보였다. 하숙생 두 사람의 저녁밥을 셋이서 나눠 먹고는 십년지기처럼 웃음꽃을 피우다가 친구네 집에 자러간다며 운숙은 떠났다.

그해 겨울방학에 운숙을 세 번째 만났다. 한 번도 바다를 본 적이 없다는 운숙의 편지를 받고는 바닷가에 있는 우리 집에 한번 다녀가라 했다.

운숙의 고향은 경북 안동인데, 시온교(敎)에 깊이 빠져계신 어머니를 따라 어려서부터 서울살이를 해온 때문인지 말씨만으로 보면 그녀는 서울 토박이 같았다. 한 마디 한 마디를 또박또박 정확하게 발음하는 말솜씨가 매력 있다며, 우리 식구들은 그녀가 훗날 아나운서가 됐으면 좋겠다는 덕담을 주기도 했다. 부산에서 하루를 묵으며 바다구경을 실컷 한 뒤 돌아가던 운숙은 가정 형편상 대학으로의 진학은 포기하고 취직을 해야 할 것이라는 말을 남겼을 뿐 그 후의 거취는 알길 없이 봄가을이 가고 해가 바뀌었다.

졸업을 앞둔 마지막 방학이니 중앙선을 타고 강원도 어디쯤을 둘러본 후에 서울로 가자는 친구 H의 제의를 받아드리기로 했다. 부산에서 출발하여 경북과 강원도를 돌아 서울 청량리역에 도착하는 완행열차라 너무 느린 게 꺼림칙하였지만 변칙을 찾는 또 하나의 도전이라 생각하고 느림보 열차에 자리를 잡았다.

'안동-안동-여기는 안동역입니다.--'

안동역의 안내방송이다. 낡은 확성기가 뿜어내는 틀에 박은 듯한 방송은 완행열차의 정서만큼이나 진부한 소리였으나 다음 순간 나는 움찔하고 말았다.

'잊으신 물건이 없으신지 다시 한 번 살펴보시고---'

귀에 익은 말씨 같았다. 운숙의 억양을 지닌 말투다.

영문을 몰라 어리둥절해하는 H군의 손목을 잡아끌어 기차를 내려버린 우리를 두고 서울행 완행열차는 떠나버렸다.

방송실이라 쓰인 쪽문 앞에 발을 멈췄다. 운숙이 아니면 어쩔까하는 일말의 염려를 안고 문을 노크하였다.

'오빠--'

어쩔 줄 모르는 운숙의 눈에 작은 물방울이 보였다.

알고 보니 운숙은 당시 안동 역장이셨던 아버지의 줄을 잡아 방송실에 취직을 한 것이었다. 운숙의 아버지께 인사드리고 저녁밥을 그 댁에서 먹었던 것이 운숙과의 네 번째 만남이요 끝이었다. 1962년 봄-

피천득의 수필 <인연>에서는 일본유학시절 유숙했던 집의 소학교 1학년생 아끼꼬와의 첫 만남, 그리고 십수 년 후 그 소녀가 대학생이 되었을 때의 두 번째 만남, 또 십수 년 후 2차 세계대전을 치룬 패전국의 가정주부 아끼꼬와의 세 번째 만남을 얘기한다. 무상한 삶의 흐름에 아파하면서 백합처럼 시들어 가던 중년부인 아끼꼬를 만나지 말았어야 했다고 쓰고 있다. 그러나 나의 운숙에 대한 기억은 안동역에서의 마지막 만남이 가장 아름답게 살아있다. 너무도 의외의 만남에 발을 동동 구르던 운숙의 표정은 웃음도 아닌 울음도 아닌 내가 살면서 보았던 가장 해맑은 기쁨의 노출이 아니었던가.

80대를 살아가는 내게 있어 운숙은 사람들이 흔히들 말하는 학창시절 추억 속의 여자가 아니다. 이즈음도 달리는 기차가 어느 역에 멈춰서고 안내방송이 울려오면 이따금씩 그 옛날 안동역에서의 그 일을 떠올리며 마음 따뜻해하니까.

# 야구장으로 가는 김치 항아리

2022년 9월 봉황대기 전국고교야구대회에서 모교가 우승을 하게 된다. 내 기억이 맞다면 2000년 중앙일보 주최의 대통령배 고교야구대회에서 한국 야구계의 기린아가 되어있는 추(秋) 모 선수가 투수 겸 4번 타자로 활약하면서 우승의 영광을 안았던 후로 22년 만의 경사라 하겠다.

모교의 야구 우승과 관련하여 내 속에 남아 있는 사건 하나를 찾아서 타임머신을 타고 60년의 과거로 달려보자. 1962년 조선일보의 청룡기대회 때의 일이다. 4.19 학생의거로 자유당 정권이 무너지고, 5.16 군사혁명으로 민주당 정권도 무너졌다. 불과 1년 남짓한 사이에 엄청난 회오리바람이 휩쓸고 간 한국 사회는 젊은이들에게 있어 마음 붙일 곳 없는 방황의 마당이었다. 그 무렵 고교야구가 폭발적인 인기를 누렸던 것도 젊음의 고독과 불만을 한데 모아 터뜨릴 수 있는 유일한 장소가 야구장이었기 때문인 지도 모른다.

부산의 야구 명문이던 B고등학교가 조선일보의 청룡기대회에서 부산 예선을 거쳐 서울 본선에 진출하게 되니 재학생은 말할 것도 없고 서울에 유학중이던 졸업생들까지도 서울운동장에서 펼쳐질 승부에 꿈이 부풀고 있을 때였다. 부산의 한 친구로부터 편지 한 장이 날아들었다. 내용인 즉 서울 있는 친구 놈들이 부러워 죽겠다는 것과 열심히 응원해서 꼭 우승시켜야지 그렇지 못할 경우엔 맞아죽을 각오를 하라는 협박이 서슬 푸르고 있었다. 얼마나 야구 경기가 보고 싶으면 이럴까를 생각하니 그 푸념이 나의 결심을 강요하고 있었다. '그래, 너를 서울로 데려와 야구경기를 보게 해주마.'

학생 신분이던 내게 무슨 여유가 있었을까마는 애를 써 경부선 통일호 열차의 왕복 운임을 마련하여 우편환으로 바꾸고 간단한 편지와 함께 부산으로 보냈다.

한 주일 쯤이 지나간 어느 저녁 무렵이었다. 붉은 물색이 얼룩진 보따리를 들고 부산친구가 나타났다. 다짜고짜 거실 바닥에 신문지를 깔아달라고 하더니 보따리를 풀어놓는다. 물기는 다 빠져버리고 거덕거덕 말라가는 김장김치와 깨어진 옹기 조각의 비빔 세트가 펼쳐진다.

부산친구가 틀어놓는 얘기는 전쟁터에 나갔던 용사의 무용담이었다. 친구의 초대를 받고 처음으로 서울 나들이를 하는 아들을 위해 어머니께서는 김장김치 몇 포기를 꺼내 항아리에 담으셨다. 비닐 조각을 씌워 고무줄로 꽁꽁 묶은 항아리를 여러 겹의 신문지로 싸고 또 쌌다. 그 위에다 테이프를 둘둘 감아서 신문지가 흐트러지지 않도록 예방을 한 후에 헝겊보자기로 묶어 아들 손에 쥐여주었다. 그리하여 어머니의 정성과 함께 아들은 서울행 열차를 타게 된 것이다.

경부선 열차가 하루에 고작 몇 편 운행되던 시절이라 앉은 손님보다 서서가는 손님이 더 많았다. 발 딛을 틈도 없는 객차 안은 밀리고 부딪치는 사람들의 체온과 땀 냄새가 배어나 약간은 불쾌하고 후텁지근하였으나 아랑곳 않고 선 채로 졸고 있는 사람들이 늘어갔다. 천안역을 지나 얼마를 더 왔을까, 졸고 있던 부산친구는 누군가의 소리를 들은 것 같았다. '이게 무슨 냄샌가? 김치 내인 것 같은데---'

부산친구도 이상한 낌새에 졸리던 눈을 뜨는 순간, 누군가의 고함 소리를 들었다.

"김치 국물이다"

"내 신발 다 젖었다",

어찌된 영문인지 구석에 놓아두고 엄중히 보호하고 있다고 생각했던 항아리에 사고가 생긴 모양이다. 김치 국물이 흥건히 흘러 바닥에 지도를 그려놓았으며 신발 바닥이 김치 국물에 젖은 사람은 발을 들고서 비명을 지르는 등 난리 법석이다.

"아이쿠 냄새야, 임자가 누구요, 빨리 치우시오"

이 급박한 사건을 어찌 처리해야 할지 방도가 떠오르지 않던 부산 친구, 어려운 일일수록 정면 돌파가 최선이라는 생각이 들어 아랫배에 힘을 주고 입을 열었다.

"죄송합니다. 제 것입니다."

말이 떨어지기도 전에 여기저기서 화살이 날아왔다.

"가만히 있지 말고 저 보따리를 빨리 치우세요."

"빨리 국물을 닦아내란 말이요."

"뭘 꾸물거려요, 빨리 저 문밖으로 던져버려요"

정성껏 김치를 담아주시던 어머니와 기다리고 있을 친구의 얼굴이 번갈아 눈앞을 스쳐갔다. 절대로 김치를 버릴 수 없다는 결심을 하고는 목소리를 높였다.

"너무들 하십니다, 김치 안 먹는 사람 있나요, 고학생이 맨밥만 먹고 살 수가 없어 시골집 가서 엄마가 주는 김치 좀 얻어오는데 엄마 정을 버리란 말이요, 나는 또 무얼 먹고 살란 말입니까?"

주위는 조용해졌고 신문지로 흘러내린 국물을 닦는 시늉을 하는 친구를 누군가가 거들어주기도 했다. 그러나 여기저기 의자 밑으로 흘러들고 있는 고춧가루 국물은 어찌할 도리가 없었다. 밥상 위에서야 괄시 받을 김치가 아니지만 만원 열차에서 체온과 체취와 범벅이 되어버린 김치냄새의 역겨움을 한 번 상상해보라. 승객들은 까닭 없이 고문을 당하며 긴 시간을 감내할 수밖에 없었을 것이니 그 죄송스러움을 어찌해야 할까?

전등불 아래서 이마를 마주대고 구덕구덕 말라가는 김치 포기 속에 숨어있는 바스러진 옹기 조각들을 가려내는 기막힌 작업을 하면서 그와 나는 배가 아프도록 웃고 또 웃었다.

목이 터지라고 소리 질렀던 응원의 덕분이었는지 모교는 우승의 영광을 안았고, 친구는 이틀을 더 묵으면서 처음 와 보는 서울구경을 한 후에 부산으로 돌아갔다. 그를 배웅하고 돌아나오는 서울역 광장에는 연극이 끝난 무대의 쓸쓸함이 깔리고 있었다.

긴 세월이 흘렀어도 이따금씩 그는 내게 깨어진 김치 항아리의 냄새를 느끼게 하는 친구로 남아있더니 무에 그리도 바빴던지 몇 해 전 아주 먼 곳으로 떠나버리고 말았다. 60년 전 그날, 그와 나의 입장이 바뀌어 내가 기차 안에서 그 같은 사고를 당했더라면 어쨌을까를 가정해본다. 나로서는 주위 사람들의 매서운 공격을 견디면서까지 깨어진 항아리를 들고 기차와 버스를 번갈아 탈 수 있는 배짱은 없었으리라 싶다. 나를 향한 그의 우정의 무게가 내가 가졌던 것보다 더 무거웠을지 모른다는 생각에 이르니 그에게 빚을 지고 살아온 듯 미안한 생각이 든다.

9월 하늘이 한결 높아졌다. 22년 만에 모교의 야구 우승 소식과 함께 유달리도 고함소리가 컸던 먼저 간 친구의 걸걸한 음성이 귓전을 돌고 있다.

# 어느 비뇨기과 의사의 셈

나는 20대 후반에 콩팥에 돌이 생기는 병을 얻었다. 다행이 의술의 발달로 수술하지 않고서도 전기충격파를 쏘아 콩팥 속의 돌을 부셔버리는 처치를 받고 있다. 그런데 나의 경우, 돌을 부셔버려도 일 년 정도 지나면 또다시 좁쌀만 한 돌이 생겨나고 2, 3년 지나면 옆구리가 찔끔찔끔 아파오기 시작하면서 돌이 커졌다는 신호를 보내오는데 X선 촬영을 해보면 직경 1센티미터 정도로 커졌다는 것을 확인할 수 있다.

돌이 신장 속에 있을 동안에는 그리 큰 통증은 없지만 그 돌이 움직여서 뇨관(尿管) 속으로 들어왔다 하면 난리가 난다. 그 통증이란 앓아보지 않은 사람은 감히 상상할 수조차 없을 정도라 진통제를 써도 잘 듣지 않는다. 그 엄청난 통증에 두어 번 혼이 난 뒤로는 돌이 꾀 커졌다는 낌새가 옆구리에 전해져 오면 즉시 병원을 찾아가서 돌을 깨는 시술을 받는다. 벌써 6번이나 쇄석기(碎石機)위에 누웠던 경험이 있고 보니 전기충격파 시술쯤이야 대수롭지 않게 생각하며, 농담 삼아 내 속에 돌 공장을 갖고 있다는 우스개도 한다.

K교수가 정년퇴직을 하고 C병원으로 자리를 옮긴 직후다. 옆구리에서 기분 나쁜 신호가 이따금씩 전해오는지라 필시 돌 공장에 사고가 생긴 것으로 생각하고 K교수를 찾아갔다. K교수는 지난 20여 년간 내 돌 공장을 관리해 오는 친구요 이름난 비뇨기과 의사다.

검진 결과는 예상했던 대로 1.5센티미터 가량의 돌이 보인다 했다. K교수가 옮겨온 C병원의 규모는 그리 크지가 않아 비뇨기과가 개설되지 않고 있었는데 K교수를 영입하면서부터 비뇨기과를 열었고 경황이 없어 아직은 쇄석기(碎石機)를 비치하지 못하고 있었다. K교수의 말로는 진단 결과가 확실해진 병은 종합병원보다는 개인병원에서 처치를 받는 게 비용도 싸게 먹히고 절차도 번거롭지 않다며 가까운 곳에 있는 비뇨기과 의원에 전화를 걸어본다.

"여보세요! 나 C병원의 K교수인데요, 큼직한 결석(結石)이 있는 내 환자 한 분을 소개할게요. 돌이 보이는 사진을 갖고 갈 것이니 잘 좀 부셔주세요."

K는 전화기를 내려놓으며 '이 집 기계가 새로 들어온 것이

라 성능이 좋다더라' 한다.

40대 초반으로 보이는 J 비뇨기과 의사가 수술복 차림으로 나를 반갑게 맞아준다.

"K교수님으로부터 전화를 받았습니다. 교수님과는 어떤 관계이십니까?"

"오래된 친구입니다.

"저는 K교수님과 개인적인 친분은 없지만 평소에 존경하는 대선배님이시죠. 잘 해드리라는 전화를 받았습니다만 잘 하려다보면 긴장되어 오히려 잘 안 되는 경우가 많습니다. 성의껏 해드리겠습니다."

기계의 성능이 좋은 때문인지는 몰라도 충격파의 소리도 작고 전해지는 통증도 적어서 시술을 받는데 이전보다 훨씬 수월하다는 느낌이었다.

3,40분이 지났을까, 일어나라는 의사의 말에 졸리던 기운이 싹 가셨다. 풀어헤친 허리띠를 여미고 일어나 앉았다.

"선생님 수고하셨습니다. 돌은 잘 깨어졌습니까?"

"모니터 상으로는 돌이 많이 희미해졌는데 잘 부서졌는지는 모르겠습니다. 돌이 좀 큰 편이라서 아무래도 한 번은 더 쇄석을 해야 할 것으로 예상됩니다마는 보름쯤 뒤에 다시 사진을 찍어보고 결정하도록 합시다."

의사와 환자 사이에 주고받을 수 있는 평범한 대화는 여기까지이고 그 다음의 얘기가 나를 당혹스럽게 만든다.

"존경하는 교수님께서 간곡히 부탁하신 환자이시니 시술비는 받질 않겠습니다. 단지 며칠간은 약을 드셔야 할 것이므로 약 처방전 발급 수수료만 주시면 되겠습니다."

시술비를 받느냐 마느냐를 두고 실랑이를 쳤으나 젊은 의사의 완강한 뜻을 꺾지 못한다.

체외충격파(體外衝擊波)로 돌을 깨는 일은 대형 종합병원의 몫이었고, 개인이 개업한 비뇨기과의원으로서 값비싼 기계를 들여놓은 곳은 서울에서도 찾아보기 힘든 때였다. 다른 의원에서 갖고 있지 않은 고가(高價)의 기계를 비치하고 강남 한가운데 자리 잡은 젊은 의사의 속내는 투자비용을 초과하는 개업성과를 기대하는 게 명백하다. 장사꾼의 셈법으로 치자면 밑천 많이 묻어놓고 더 많이 벌어보자는 잇속이거늘 40여만 원의 시술비를 마다하는 바보 같은 셈을 접하게 되니 나로서는 어리둥절할 밖에--

오래 전에는 우리사회에서도 체면이나 의리 때문에 손해 보는 셈을 치렀던 선비정신이란 게 있었다. 그러나 언제부터인가 그것은 한낱 추억의 그림자일 뿐, 현실은 아니었는데 오늘 그 추억을 현실로 보게 된 것이다. 평소에 친분 깊은 사이도 아닌, 단지 명성만 알고 있는 의료계의 선배가 전화로 한 부탁 한마디에 수십만 원을 쾌척하는 젊은 의사의 뜻밖의 태도는 나로 하여금 19세기 어느 날로 돌아가게 하고 있었다.

이념적 가치를 돈의 가치보다 더 높게 평가하는 이 젊은 의사의 속내가 외려 이상하게 부각된다. 어느 훗날 젊은 의사가 K교수만큼 권위 있는 의사로 성장하여 후배들로부터 존경받게 될 꿈을 저축하는 몸짓이었으면 좋겠다는 생각을 해본다.

그래, 저수지보다 높은 수도는 없어도 스승보다 잘난 제자와 선배보다 나은 후배가 있어 미래는 밝아져가는 것이라 생각해 본다.

# 연둣빛 수채화

## 작은 설렘

누나는 2월생이고 나는 다음 해 12월생이니 23개월 터울이다. 그런데 어쩌다보니 누나와 내가 초등학교 때 같은 학년이 되어버렸기에 2란성 쌍둥인 줄 착각하는 사람도 많았다.

고등학교 졸업식을 앞두고 있을 무렵이다. 누나의 학교 교지(校誌)인 '동백'의 몇 페이지를 넘기다가 나도 모르게 손을 멈추게 된다. <교내 백일장 장원>이란 제목 아래 시(詩) 한 수와 장원을 한 학생 K의 사진이 실려 있다. 박목월의 '청노루'를 연상케 하는 서정 짙은 시상도 따스했지만 그 보다는 여학생의 상반신 사진에 자꾸 눈길이 간다. 몇 번을 봐도 시원스레 잘 생긴 얼굴이다.

내 졸업식보다 며칠 앞선 누나의 졸업식 날, 대문을 나서시는 어머니와 누나의 뒤를 나도 따라 나섰다. 여학교 졸업식을 한 번 보고 싶다는 핑계 같지 않은 핑계를 내세웠지만 속셈은 따로 있었다.

공식행사를 강당에서 치룬 뒤 졸업생들은 각자의 학급으로 돌아와 자리에 앉고 학부모들은 교실 뒤편에 선 채로 자식의 삶이 성장해가는 과정을 지켜본다. 한 사람씩 이름을 불러 졸업장을 줄 때, 우등상장을 줄 때 K가 앞으로 나갔다가 돌아오는 얼굴을 볼 수 있었던 몇 초간의 시간이 즐거움이었던 날이다. 키가 훤칠하고 낯빛이 유난히도 희고 맑은 느낌이었다.

## 만남

대학의 강의실이란 게 사내들만 득실거리던 고등학교 교실과는 딴판이다. 여학생들이 섞여있는 부드러운 분위기가 호감으로 와 닿던 순간, 교수의 출석 호명(呼名)에 나는 귀를 의심하게 된다. 장원을 했던 K의 이름이 불리고 대답하는 쪽을 바라보니 분명 그 사람이 거기 있는 게 아닌가. 나는 참 운이 좋은 놈이라는 생각이 가슴 가득 채워진다. 고교 졸업식에 찾아 갔던 치기(稚氣)어린 설렘이 아니라 좋은 친구가 되리라는 따뜻함이 싹트는 것 같았다.

첫 번째의 겨울 방학 때 K와 둘이서 만나게 되는 일이 생겼다. 편도선 제거수술을 받고 끙끙거리며 누워 있는데 K가 문병을 왔다. 피를 나누지 않은 이성(異性)의 문병을 처음 받아 보는 나의 감회는 작은 행복과 감사로 채워지고 있었다.

두 번째의 만남은 학기말 시험 때다. 며칠 결석을 한 K로부터 전화가 왔다. 서머셋 몸(Somerset Maugham)의 좋은 문장들을 골라 놓은 요약집(Summing up)을 배우고 있었는데 이 작가가 구사하는 영어는 비교적 유려한 편이긴 해도 군데군데 복병처럼 도사린 어려움이 있어 강의를 듣지 않고 혼자 공부해서 A를 받기가 힘들다고 생각했던지 나와 함께 공부를 했으면 좋겠다는 용건이다. 시험 당일 아침 7시에 도서관에서 만났다. 아무도 없는 넓은 도서관에 남녀 두 학생이 나란히 앉아 머리를 맞대고 있는 모습을 뒤에 온 누군가가 보았을 것인 즉, K와 나의 관계를 어떻게들 수군거렸을까? K는 다소곳한 자세와 돋보이는 미색으로 뭇 남학생들의 관심을 모았던 인기인이었으니까.

4학년 2학기에 들어서자 K가 약혼을 했다는 소문이 나돌았고, 취직하기가 하늘의 별 따기 같았던 시절임에도 우리나라 최고의 제약회사에 취직이 됐다는 풍문도 덧붙었다. 그래선지 결석이 잦아서 얼굴보기도 힘들 지경이었기에 나는 혼잣말로 '상품이 좋으면 빨리 팔려 나가는 게 세상의 이치겠지'하고 중얼거렸다.

## 이런 우연

박정희 대통령의 수출 드라이브 정책이 한참 빛을 발하고 있을 무렵이다. 수출하는 기업이라야 남들 앞에 어깨를 펼 수 있었던 때인지라 차관(借款)을 얻어 일본으로부터 어망(漁網) 짜는 기계를 도입하여 수출일념에 빠져 있을 때였다. 미국유학을 다녀오느라고 10년 가까이 만나지 못했던 친척 형을 만나 이런 저런 얘기를 나누던 중에 '친구네 집에 놀러 갔었는데 그 부인이 너를 잘 안다고 하더라, 대학동창이라던가' 라는 것이다.

그 순간 나는 그 부인이 K라는 것을 직감했다. 대학동창생 중에 나를 잘 안다고 할 여성이라면 K 말고 다른 사람이 있을 수 없기 때문이다. 그냥 지나가는 말로 K의 남편 이름과 직업 등을 물어서 머릿속에 담았다. 그리고는 어느 조용한 날 서울시의 전화번호 책을 펼쳤다. 1,000여 페이지의 방대한 책이었지만 K 남편은 희성(稀姓)을 가진 분이라 찾아내기가 어렵지 않았다. 동일한 성명을 가진 세 사람 중에 하나는 분명 K가 살고 있는 집이리라 생각하고 첫 번째 번호를 돌렸다. 수화기 속의 여자 목소리를 향해 '혹시 000씨 댁이냐'며 남편의 이름을 댔더니 '그렇다'는 경상도 억양의 대답이다. 이 여인이 K일 수 있다는 가능성에 용기를 얻어 '혹시 전화 받으시는 분이 K씨가 아닙니까?' 했더니 저 쪽에서 '아!'하는 가벼운 탄성과 함께 바로 내 이름을 불러 오는 것이 아닌가. 학교를 떠난 지 십수년 만에 들어보는 목소리였다. 할 얘기가 쌓여 있을 것 같았건만 '애기는 몇이냐?' '큰애는 몇 살이냐?'는 짧은 몇 마디밖엔 더 할 말이 생각나지 않아서 내 전화번호를 알려주는 것으로 십여 년만의 대화를 끊었다.

### 수채화 한폭

졸업 25주년 재상봉((再相逢) 행사 때 K와 만나는 반가움이 있었고, 무언가 해야 할 얘기가 있어 10여 일 후에 저녁을 함께 했었다. 그러나 만났다는 것이 하나의 의미일 뿐, 나눌 얘기는 따로 없었다.

K의 큰 아들 결혼식에 참석하여 부군(夫君)을 소개 받았던 일, 내가 수필집이나 시집을 냈을 때 한 권씩 부쳐주었고, 잘 받았다는 전화음성을 들었던 것 말고는 기억나는 교류는 없었다. 그저 잘 살고 있으려니 하는 동안 어언 70대 중반의 나이가 되니 졸업 50주년 재상봉(再相逢)행사에서 다시 K를 만나게 된다. 이민(移民) 가서 살고 있는 누이를 만난 듯한 반가움이 겨울 햇살 같이 따스웠던 것은 연륜이 주는 여유 때문이었을 까?

그런데 휴대전화가 생활화 되면서부터 K와 나 사이의 거리는 지난 세월처럼 그리 멀지는 않았다. 일 년에 서너 번씩 철이 바뀔 때나 마음속에 무료함이 쌓일 때면 카톡의 창을 두드려 안부를 묻곤 하는 즐거움이 있다. 조병화 시인의 '늘 혹은 때때로'를 보내오기도 하고, 비 내리는 도심을 그린 수채화폭에 스며있는 '기차는 8시에 떠나네'의 멜로디를 동영상으로 보내기도 한다.

잊은듯하면 생각나는 사람, 좋은 일엔 생각나지 않으나 우울할 때는 생각나는 사람, 카톡의 창을 두드려 답이 없어도 서운하지 않고, 사오 일 지나서 답이 와도 고마운 사람, 전화기에 그 이름이 뜨면 나를 20대의 학생으로 만들어 주는 사람이기에 우리는 명리학적으로 어떤 인연일까가 궁금해지기도 한다.

어느 훗날 내가 먼저 떠나고 없음을 K가 알게 된다면 마음속에 지니고 다녔던 손수건을 잃어버린 허전함으로 하늘을 한번 쳐다보리라 싶다. 그와 나의 입장이 바뀐다면 내 마음이 그러할 것이니까. 그로부터 한 일 년 쯤 지난 어느 따스한 봄날 K는 두어 송이 꽃을 들고 내 무덤을 찾아와 '우리는 좋은 친구였었지요?'하며 조용한 미소 한 줌 놓아두고 갈 것이라 싶다. 입장이 바뀌면 나도 그렇게 할 것이니까.

# 이별유감 1

오랜 친구 이 박사가 폐암선고를 받았다. 척추에까지 전이되어 거동도 못하고 누웠다. 얼마를 더 살 수 있을지 모르나 그 얼굴을 볼 수 있고, 그 목소리를 들을 수 있는 마지막 날이 가까워지고 있다는 명백한 사실 앞에서 가슴 한편이 서늘해진다.

고등학교 동창인 그와는 30대 중반에 들어서 우정을 두터이 할 수 있는 계기가 있었다.

그가 M종합병원의 소아과 과장직에서 물러나 자기 병원을 개업했을 때 같은 건물의 지하실에서 문을 열었던 서당(書堂)에서 나는 한문공부를 했다. 점심시간을 전후하여 요령껏 짬을 내었던 나의 공부는 하루에 한 시간 정도로서 사서(四書)를 읽어가려는 갈 길 먼 목표를 세워두고 있었다.

이 박사의 오전 진료가 나의 공부보다 먼저 끝나는 날은 그가 나를 찾아 지하실로 내려왔고, 나의 공부가 먼저 끝나는 날은 내가 그의 진료실을 찾아갔다. 서로가 오고가며 점심식사를 같이하고 현실과 미래를 토론하는 나눔의 시간이 2년여에 이르니 미운정이 쌓여가는 세월의 언저리에서 그와 나는 서로의 눈빛으로도 속내를 읽을 수 있을 만큼 막역한 사이로 굳어져갔다.

그와 내가 나누어 온 우정의 무게나 색깔이 어떠한지를 생각해본 적은 없었지만 다른 사람의 눈을 통하여 그것을 확인할 수 있는 기회가 있었으니 그것은 내가 뇌동맥류(腦動脈瘤)라는 병으로 쓰러졌을 때의 일이다.

1985년 당시만 하더라도 뇌동맥류의 수술을 해본 전문의사가 몇 안 되는 우리네 현실이라, 이 박사로서는 친구의 목숨을 누구에게 맡겨야 할지를 결정해야 하는 것이 어려움이었다. 의식 잃은 환자를 앰뷸런스에 실어 부산에서 서울로 옮기고 의료계의 친구와 선후배를 총동원하여 얻어진 정보에 따라 S병원의 S교수를 찾아가 집도를 부탁하게 된다. 수술은 무사히 끝나고 한 달 후에 퇴원을 한다. 그리고는 한 달에 한 번씩 주치의에게 경과를 알리고 약을 타다 먹는 후속치료를 6개월간 받게 된다.

마지막 약을 타러 갔을 때의 일이다. 주치의는 오늘 이후로 더는 병원에 오지 않아도 된다는 치료의 종결 선언을 하고, 의사로서의 사무적인 표정이 아닌 미소 띤 얼굴로 말을 잇는다.

"그 친구분, 부산에서 소아과를 열고 있다던 그 선생 잘 계십니까? 개업하고 있는 의사가 자기 병원을 팽개치고 부산에서 서울까지 와서 여러 날을 친구의 병상을 지키며 노심초사하는 모습은 상상하기 힘든 감동이었습니다. 참으로 부러운 우정의 세계를 보았기에 잊히지 않습니다."

쓰러져 의식을 잃은 후 수술을 받고 깨어날 때까지의 한 주일 동안을 삶의 끝자락을 움켜쥐고 몸부림쳤을 환자의 모습과 그 환자의 고독한 투쟁을 지켜보며 안타까워했을 가족, 친지, 친구들의 염려가 새삼 소나기처럼 쏟아져 내렸다. 그리고 그 속에서 이 박사의 우정이 유독 따습게 만져졌다.

그로부터 20년이 흐른 지금 나는 건강한데 이 박사는 병석에 누었다. 20년 전 그날의 나에겐 수술경과가 좋으면 건강을 찾을 수 있으리라는 희망이 있었고, 여러 날 밤을 새우면서 그 희망의 등불을 지켰던 이 박사의 곰삭은 우정이 집도의(執刀醫) S교수를 감동케 했다는 것이다. 그런데 지금은 마지막 순간을 향해 꺼져가는 이 박사의 등불을 지키며 그를 위해 나의 우정이 무엇을 할 수 있단 말인가.

정이란 받는 것이 아니라 주는 것이라 했는데, 받을 때보다는 줄 때가 더 행복하다 했는데, 지금 이 순간 삶을 떠나려는 이 박사에게 <우정의 삶>은 어떠하더냐고 묻는다면 그는 뭐라고 답할까?

평소에는 신(神)의 존재나 내세(來世)에 대하여 생각해본 적이 없었는데 근래에 와서는 자주 그 생각을 하게 된다.

내세가 있어 이승의 인연으로 저승에서 이 박사를 다시 만나게 된다면 그가 가르쳐준 우정의 삶을 나도 살아보고 싶다. 그렇기에 어느 때, 어느 곳에서라도 만나야 할 사람은 꼭 만나게 된다는 운명론을 믿고 싶어진다. 그 운명론이 이승을 지배하는 법칙으로 그치는 것이 아니라 저승에까지 미치는 섭리이기를 바라면서.

신이 있었으면 좋겠다. 내세가 있었으면 좋겠다. 너무도 큰 욕심일까? 비록 그게 엄청난 욕심이라 하더라도 실오라기 같은 한 가닥의 기약으로 접어 계절이 떠나는 바람 자락에 묶어두고 싶다.

# 이별유감 2

민족의 대이동이라 불리어지는 추석명절의 인파에 묻어왔던 일족들이 차례를 마치고 뿔뿔이 본래의 제자리로 돌아들 간다. 부산하게 들떴던 분위기가 밤사이에 가라앉은 명절 다음날의 집안은 전에 없던 적막으로 고요의 심연(深淵)에 빠져든다.

외출복으로 갈아입고 밖으로 나온다. 자동차가 홍수처럼 밀리던 대로에는 띄엄띄엄 이어지는 조용한 질주가 있을 뿐 태풍이 지나가 버린 바닷가처럼 한적해진 풍경이 서울의 모습이 아닌 딴 세상을 연상케 한다. 지하철을 탄다. 객차 안이 텅 비었다. 서울의 지하철이 아닌 딴 세상의 그것만 같다. 딴 세상으로 갈 시간을 기다리며 생명의 끄나풀을 놓으려하고 있는 친구의 병실을 나는 지금 찾아가고 있는 것이다.

오늘로써 병석에 있는 친구를 찾는 것이 여섯 번째다. 첫 번째 보았을 때는 폐암이 척추에까지 전위된 자신의 병상을 소상하게 일러주며 예후가 좋지 않을 것이라 했다. 두 번째 보았을 때는 의사로서 살아온 삶에 후회는 없다는 한마디로 자신의 지난날을 정리하면서도 요즘은 좋은 약들이 많이 나와 있으니 항암치료를 해 보겠노라며 마지막 희망의 한 오라기를 놓지 않고 있었다. 세 번째 만났을 때는 곁에 있던 가족들을 밖으로 나가라 하고는 자기가 떠난 후에 내가 해줄 수 있는 일 한 가지를 부탁하며 내 손을 쥐었다. 그의 볼에 눈물이 흘러내리고 있었다. 긴 세월 그와 내가 가꾸어 온 우정의 꽃을 꺾어 내 손을 쥐어주며 먼저 떠남을 고하는 작별의 인사를 그의 눈물 속에서 읽을 수 있었다. 네 번째 보았을 때 그는 말문을 닫고 남아 있는 마지막 힘으로 병마와 싸우기에 힘들어하는 표정이었다. 다섯 번째는 오히려 평정을 찾은 얼굴이었으나 모든 것을 다 포기해 버린 나약한 패자의 그것이었다. '나를 알아보겠느냐'는 질문에 대답으로 눈물 한 줄기를 흘려주었을 뿐이다. 오늘이 여섯 번째다.

환자는 천정을 보고 있다. 보고 있는 것이 아니라 천정을 향해 눈까풀이 열려있는 것이다. 옆으로 다가서는 나의 기척도 모른 체 불러도 반응이 없고 시선도 움직이지 않는다. 지녔던 모든 것을 다 소진해 버리고 남은 게 없는 무소유의 하얀 마음으로 떠나야 할 시간을 헤아리고 있는 듯하다.

나는 왜 이 친구를 자꾸 찾아오는 것일까? 이미 내게 유언을 남기고 작별인사까지를 마쳤는데, 말문을 닫아걸었기에 대화 한마디도 나눌 수 없는데, 의식이 없어 내가 왔는지 조차도 모르는데 왜 나의 발길은 이 친구의 병실을 찾게 되는 것일까?

그 '왜'에 대한 답변은 나도 모른다. 단지 그가 떠나기 전에 한번이라도 더 보아두어야 한다는 명제를 쫓았을 뿐이고 그러한 명제가 왜 주어졌는지를 알지 못한다.

내게 정을 많이 준 친구인 때문일까? 내게서 정을 많이 받아간 친구인 때문일까? 그리하여 그는 가려해도 내가 그를 보낼 수 없는 여운이 있어서 일까?

알맹이는 빠져나가 버리고 껍질만 남은 초췌한 그 몰골 위에서 언젠가 다가올 나의 모습을 예감해 보기도 하면서 한 시간여를 멍하니 앉았다가 일어선다. 지척의 거리에서 그와 내가 한참 동안을 함께 했었다는 것으로 오늘 나들이의 값은 치룬 셈이다. 임종하기 전에 한번은 더 오게 되리라는 무언의 언질을 그의 머리맡에 놓아두고 병실을 나온다.

서울의 한적한 거리 풍경이 실감나지 않는다. 모두들 살아있는 부모를 찾아갔고, 죽고 없는 선조를 찾아갔다. 친구도 병석에서 그의 영원한 쉼터를 찾고 있을 것이다.

친구야! 한 시간이라도 더 빨리 떠나거라. 피골이 상접하고 동자가 흐려진 네 추한 모습을 거두고 이제는 편해져라. 너 떠난 뒤에 남은 자들은 너와 인연 지어졌던 크고 작은 사연의 가랑잎들을 모아 불을 지피고, 낙엽 타는 냄새를 맡으면서 네가 없는 가을을 아파할 것이다. 산다는 것이 한 편의 꿈이라면 그 꿈을 가꾸려고 저질렀던 실패의 아픈 흔적들도 낙엽 불에 곱게 태워질 것이고 불이 꺼져버린 빈자리는 망각으로 채워질 것이다. '사랑했었노라'고 뇌면서 가을 산 메아리처럼 가벼운 마음으로 그렇게 우리 곁을 떠나가거라.

망각의 밤이 오는 것은 어둠을 헤집고 나올 태양의 광휘를 찬연하게 하기 위함이려니 이 밤이 가고 나면 다시 돌아올 생존의 아우성으로 서울의 난장판은 더 붉게 타 오르리라.

# 이별유감 3

친구 이 박사가 남기고 간 한줌의 뼛가루를 용인 근교의 산중턱에 자리 잡은 천주교 공원묘원에 안치하고 돌아설 때 노랗게 물든 나뭇잎들이 머리 위, 어깨 위를 스쳐 발아래로 흘러 내렸다. 친구가 내게 주는 작별의 인사 같았다.

'고맙다 친구야! 나는 오래도록 자네 속에 살아있을 거야'

부드럽고 굵은 이 박사의 정겨운 목소리가 귓전을 맴돌았다.

내 몸이 찌뿌드드할 때나 가족 중에 누군가가 편치 않을 때면 언제라도 건강 상담역이 되어주던 이 박사를 생각하게 된다. 그리고 곱게 물든 낙엽의 모습으로 작별을 고하던 그의 음성을 듣게 된다. 그래선지 가을이 오고 나뭇잎이 물들기 시작하면 변해가는 단풍이 예사롭게 보이질 않는다. 떨어져 흩날리는 잎사귀는 금세 이 박사의 음성으로 변하여 잃었던 그와의 대화를 이어주기 때문이다.

'살아있다고 하는 것은 무엇일까?'

친구의 목소리를 실제처럼, 꿈결처럼 환청하면서 이런 질문을 스스로에게 던져보곤 한다.

이 박사가 살아있다고 하더라도 그의 음성을 듣는 일이 요즘보다 더 잦다고는 생각되지 않는다. 그와 나의 생활 범위가 서로 달라, 별난 볼 일이 있지 않고서야 일부러 만나는 일이 드물었으니 말이다. 살아 있던 그와의 대화에는 주제가 있었음에 반하여 죽고 없는 그와의 대화에는 주제가 없이 목소리만 들린다는 것이 차이라면 차이일 것이다. 친구간의 대화에 꼭이 주제가 있어야 할 까닭이 없는 것이고 보면, 늙지도 시들지도 않는 그의 목소리를 한결같이 들을 수 있는 현재의 그와 나의 거리가 살아있을 때의 그것보다 결코 못하지 않다는 생각을 해본다. 죽었어도 내 속에 살아있는 친구, 그는 죽은 것인가? 살아있는 것인가?

잠이 들면 꿈속에서 거지가 되는 왕자와, 잠이 들면 꿈속에서 왕자가 되는 거지가 있다면 둘 중에서 누가 더 행복할까? 왕자는 밤이 오는 것이 두려울 것이고 거지는 밤이 오기를 기다릴 것이니, 거지 쪽이 더 행복할 것임에 틀림이 없으리라는 생각을 하면서 살아서 멀리 있는 친구보다 죽어서 가까이 있는 친구로 변해버린 그와 나의 우정이야말로 잠이 들면 왕자가 되는 마음 편한 거지의 경우와 같은 것이 아닐까 생각해본다.

그가 간 지 두 해가 되는 가을이다. 미움도 그리움도 속절없이 사라졌고 이제는 말없이 가을 잎으로 돌아온 친구, 문득 고개 들면 잎사귀들의 서걱거리는 정담 속에 정주고 살던 그와 나의 시간들이 고운 빛깔로 계절을 물들이고 있다.

어느 훗날 내 떠난 뒤, 내 삶의 잔영이 어떤 사람의 가슴 속에 이 박사가 내게 남기고 간 것처럼 고운 단풍으로 남을 수 있을까?

# 해바라기

늘 그리움을 갖고 있다는 것은 얼마나 축복 받은 일일까? 그래서인지 나는 그리움이란 꽃말을 가진 해바라기를 좋아한다.

<해바라기>라는 제목으로 방영되었던 이태리 영화에서 광활한 해바라기 밭을 헤매며 사랑하는 남편의 묘비라도 찾고자 몸부림치던 소피아 로렌의 절박한 연기가 뇌리에 영인되어 있고, 고흐의 정물화 <해바라기>를 보면서 천재화가의 뜨거운 예술혼에 전율을 느끼기도 한다.

신촌 로터리에서 서쪽으로 난 대로를 따라 비스듬히 오르는 언덕배기 오른편으로 교회가 서 있고 교회를 지나는 내리막의 끝부분쯤에 집장사들이 지은 20여 호의 꼭 같은 집들이 새마을을 이루고 있었으니 행정구역상으로 마포구 동교동이었다.

학생이었던 나와 무역회사에 다니던 외삼촌과, 직장을 찾아 무작정 상경한 외당숙(外堂叔)과 이들 세 남정네의 수발을 들기 위해 차출된 친척 아주머니까지 모두 4명으로 구성된 가족이 새집 생활을 시작했다.. 외삼촌과 외당숙은 30대 초반의 동갑내기였으나 직업이 없던 외당숙은 생활비 한 푼도 보태지 못하는 식객의 처지를 미안해하면서 가사에 도움이 되는 일이라면 무엇이든지 찾아 하곤 했는데 새 집이라 손이 가야 할 곳이 한두 곳이 아니었다. 부엌 옆의 공지에다 조그마한 연탄 광을 짓는 일, 우물가에 시멘트를 발라 빨래터를 만드는 일, 부엌의 벽에 크고 작은 선반을 만들어 붙이는 일 등등 쉴 틈이 없었다. 그가 가사도우미로서 했던 일들 중에서 큰 몫을 차지했던 것은, 마당에다 가지, 오이, 고추, 상추 등을 심고 가꾸어 푸성귀 반찬거리를 공급해 주는 일이었는데, 어느 날은 해바라기 씨를 한 줌 구해 와서는 어디쯤 심을지, 내 의견을 물어 왔다. 때마침 일요일이라 나도 팔을 걷어 부치고 호미를 들고 나섰다. 담장을 빙 돌아가며 한 걸음 간격으로 흙을 헤집고 씨를 심고 물을 주기에 땀깨나 흘렸다.

심어 놓은 해바라기 씨에 떡잎이 솟는 것을 보는가 했더니 그 자라나는 속도가 놀라웠다. 죽순 올라오듯 쑥쑥 자라더니 달포가 지나자 내 가슴 만큼, 또 얼마를 지났을까, 2미터가 넘는 담장 위로 고개를 쑤욱 치켜들고 올라서는 경이로움이었다. 야윈 어른의 손목 굵기가 된 꽃대 위에 냉면 그릇보다 더 넓게 벌어진 꽃을 달고 활화산처럼 노랑을 뿜어내는 장관을 펼친다. 태양신(太陽神) 아폴론을 사랑하다 죽어 해바라기가 된 요정 클리티에의 한(恨)풀이인가? 그게 아니면 이글거리는 태양과 한바탕의 싸움도 불사 하겠다는 출사표(出師表)인가? 한 치의 시선도 양보하지 않고 꼿꼿하게 햇살을 받아 주는 전투사의 모습 바로 그것이었다.

9월이 기울고 태양의 열기가 한결 시들해지자 해바라기의 도전 의지도 한풀 누그러졌다. 꽃송이에 촘촘히 박힌 여름날의 투혼은 이제 가무스레한 씨앗으로 성숙되며 높아져가는 하늘을 향해 작별의 고개짓으로 자기정리를 서두른다. 씨앗을 보듬고 완숙을 향해가는 자이언트 해바라기의 행렬은 어떤 의미를 찾아 도열하고 있는 깃발 같았다.

어느 달 밝은 밤이었다. 무심코 시선이 간 해바라기 꽃 위에서 어떤 움직임을 보았다. 쥐였다. 꽃대를 타고 올라간 쥐들이 꽃방석에 앉아 견과류 시식 파티를 벌이고 있었다.

'저 놈들 봐라. 주인 허락도 없이 남의 농사를 훔치다니. 그래 좋아, 네 놈들도 못 먹어본 특식일 테니 먹어봐야지. 내일 베려 했는데 하루만 더 참아주마. 실컷 먹어두어라. 하루 이상은 못 기다린다.'

쥐들을 위하여 해바라기 수확을 하루 더 늦추겠다는 외당숙의 한마디는 세속적 소유를 주장하지 않는 무소유(無所有)의 법문인양 따듯하게 가슴을 데워 주었다.

심어두고 가꾸지 않아도 저 혼자서 잘도 자라는 해바라기, 꽃은 절제 없는 열정으로 뜨겁고, 꽃이 진 씨방 속에 영양 많은 먹거리를 빼곡히 채워두고, 쥐에게도 새에게도 먹고 가라 한다. 꽃대마저도 땔감으로 쓰게 하는 충직한 벗이 아닌가. 하늘과 땅과 사람과 동물이 한 동아리라는 것을 일러주는 해바라기 농사였다. 누구하고라도 부담 없이 하나 될 수 있는 외당숙의 내면세계에 해바라기 꽃이 피어있는 것 같았다.

그 후 외삼촌은 장가들어 해바라기 피운 집에 신접살림을 꾸렸고 직장이 없던 외당숙은 남의 신혼살림에 걸림돌이 되는 것을 저어하여 낙향하셨다가 40이 되어서야 일가를 이루셨고 60세를 겨우 넘기고 영민하셨다.

평생을 자기 분수 안에서 불평 없이 웃으며 살던 사람, 겉치레보다 내실을 우선하고 작은 것에도 감사할 줄 알던 사람, 쥐에게도 흔쾌히 나눔을 허락하던 외당숙은 언제나 활짝 핀 해바라기 꽃의 밝은 웃음으로 내 속에 살아계신다.

# 2. 손녀와 봄

# 4월을 걸으며

시를 씁니다. 내 삶을 씁니다. 길을 가는 겁니다.

시간은 미동도 않고 그 자리에 가만있는데, 사람이 지나가며 시간더러 흐른다고 합니다.
자기가 가고 있음을 잊은 채 세월더러 빨리 간다고 탄합니다.

나의 길에서 몇 번이나 더 봄을 만날 수 있을까요?
황사 먼지에다 꽃가루바람 이는 이 절기의 어수선함을 좋아하지는 않으나
그 속에 든 생명의 신비를 보면서 신의 존재를 믿고 싶어집니다.

활짝 핀 벚꽃만큼 화사한 그림이 있을까요?

한 소리 질러 봄 하늘을 채우고 넘치는 뻐꾸기 울음만큼 가슴 뛰는 음악이 있을까요?
풀잎에 머문 이슬방울의 영롱함에서 사랑을 하는 이의 영혼을 읽습니다.
나의 글은 창작이 아니라 벚꽃과 뻐꾸기와 이슬방울을 흉내 내는 광대의 몸짓일 뿐입니다.

봄의 묘리를 못다 헤아려 슬퍼하는 나의 아쉬움은
미련에 목을 매는 신의 졸작입니까?
마지막 순간을 기다릴 줄 아는 신의 걸작입니까?

꽃비가 내리고.
바람이 가고, 강물이 가고, 햇살은 눈이 부십니다.
또 다른 가능성의 봄을 기다리는 광대의 허기진 시선에
가깝던 친구의 얼굴이 하나씩 저만치 사라지고 있습니다. 그래도 잃어버린 나를 찾아서 나는 또 4월을 걷고 있습니다.

# KTX를 타고

도심을 빠져나온 열차가 서서히 속력을 더해간다. 차창으로 펼쳐지는 농촌 풍경 속에서 6월이 비에 젖는다. 먼 산빛보다는 가까운 논밭의 푸름이 한결 연하고 부드럽다. 모내기가 끝난 무논에 가지런한 모의 행렬들이 초등학교의 입학식 모습을 연상케 한다. 내리는 빗줄기를 향해 두 팔을 벌리고 몇 개월 후의 수확을 향해 출발점에 선 싱그러운 발돋움에서 엄숙한 생명의 힘이 전해져 온다. 출발은 꿈이 있기에 아름다운 것인가.

1958년 부산의 우물가를 벗어난 개구리가 청운의 뜻을 품고 서울로 가는 첫 나들이 때 탔던 열차는 시커먼 연기를 뿜으면서 굉음을 내고 달리는 증기기관차였고 8시간 이상이 걸렸던 것으로 기억된다. 1960년대에 와서는 구시대의 해묵은 껍질을 벗고 새 시대를 열어가고자 했던 군사혁명 정부가 디젤기관차를 수입하게 되니 기차여행도 검은 연기를 뒤집어쓰지 않아도 될 만큼 깨끗해졌고, 재건호, 통일호, 무궁화호, 새마을호라는 새로운 열차가 연달아 등장하면서 속력도 가속화되어 1980년대에는 서울 · 부산간을 4시간30분에 연결시킬 만큼 장족의 발전을 하게 된다. 그러던 것이 2004년에 와서는 전기를 동력으로 하는 고속열차가 등장하여 마침내 경부간을 2시간40분에 주파하는 반나절 시대가 된 것이다. 머지않아 2시간10분 정도로 단축시킬 수 있을 것이라니 이 어찌 쾌거가 아니겠는가.

날이 갈수록 빨라지는 게 기차뿐이든가. 누가 뭐래도 가속화의 첨병(尖兵)은 세월이란 것일 게다. 30대, 40대에는 흐르는 물 같고, 50대, 60대에 이르니 시위를 떠난 화살만큼이나 빨라진다. 한 주일은 분명 7일인데 느낌으로는 3,4일 밖에 지나지 않고서도 한 주일이 다 간다. 한 달은 분명 30일인데 보름 남짓 지난 듯한데 달이 바뀌고 있다. 일 년 열두 달이 5,6개월 지났을까 하면 크리스마스 캐럴을 울리니 이 걷잡을 수 없는 속도를 어찌해야 할 것인가. 아마도 나이 들어가는 사람의 세월타령은 자신이 내려야 할 삶의 종착역이 너무도 빨리 다가오고 있음을 한스러워하는 넋두리일 것이다.

유한한 생명의 한계, 무한한 꿈과 욕망, 이 둘 사이에서 빚어지는 번민과 갈등은 인류가 지니고 살아야하는 영원한 숙제이기에 동서고금의 시인묵객들로 하여금 삶의 무상을 노래하는 절창(絕唱)을 낳게도 했다.

토머스 그레이(Thomas Gray)는 <시골교회 뜰에서 읊은 만가>라는 시에서 '영광의 길 따라가 보면 무덤이 있을 뿐이다. The path of glory leads but to the grave' 라고 하여 인간의 꿈과 죽음을 직결시킨 극단적인 허무주의자가 되었고 소동파(蘇東坡)는 '적벽부(赤壁賦)'에서 인생의 무상이나 허무에 대하여 적극적인 변론을 펴는 이상주의자로 등장하기도 한다.

소동파는 세월을 바람이라 했다. 세월을 달이라 했다. 때와 장소에 따라 감흥은 차이가 있겠으나 자연의 정서는 그 본질이 변하지 않는다고 했다. 그 옛날의 달빛은 오늘도 정겨우며 지난날의 바람은 오늘 불어와도 시원하다는 것이다. 삶은 관조하는 각도에 따라 영생일 수도, 무상일 수도 있는 것이라 만사를 작은 의미에 얽매이지 말고 긍정적인 의미로 생각하라 했다.

그렇다. 오늘 내가 타고 가는 시속 300㎞의 고속열차는 하늘에서 떨어진 것이 아니다. 달리고 싶은 인간의 욕망이 지난날 증기기관차 속에서 석탄을 때던 화부의 이마에 땀방울을 맺히게 했고, 시속 60㎞를 달리던 그날의 아픔이 있었기에 오늘 같은 쾌속의 질주가 생겨난 것이리라.

생명의 한계성 때문에 못다 이루고 가는 아쉬움이 세월 속에 쌓여가면서 더 높고, 더 크고, 더 빠른 무한에 도전하고 있으니 누가 이 아쉬움을 두고 허무를 말하랴, 무상(無常)을 논하랴.

곧 서울역에 도착할 것이니 내릴 준비를 하라는 안내 방송에 흠칫하며 상념에서 깨어난다. 부산을 출발한지 2시간 반이다. 새마을호가 실어다 줄 때보다 2시간이 절약된 것이다. 나는 2시간을 얻은 것이다. 기차에 웅크리고 앉아서 소롯이 흘려버릴 수밖에 없는 시간 중에 2시간이 되돌아서 내게로 온 것이다. 마음대로 쓸 수 있는 2시간의 여유가 생겨났으니 내 수명이 2시간 더 길어진 셈이다. 생명이 연장된 은총을 누리게 된 작은 행복감에 발걸음이 가벼워진다.

문명의 발달이 때로는 인간의 정서를 메마르게 하고 있음을 가슴 아파한 적이 한두 번이 아니었는데 오늘은 그 문명이 만들어 놓은 속도라고 하는 은혜로움 때문에 전에 없던 여유를 즐기게 되는구나. 서두르지 말자. 어차피 인생이란 정해진 길을 가는 여행인 것을.

# 길

어느 문인이 쓴 '길'이란 에세이를 읽은 적이 있다. 그 분은 '길'을 삶의 또 다른 모습이라는 관점에서 풀어가고 있었다. 삶의 길, 생각의 길, 자연의 길들을 재미있게 엮어가는 글이었다. 과문한 나로서는 한 번도 들어보지 못한 길의 이름도 일러주고 있었다. 이를 테면 나무꾼이나 약초꾼들이 이따금씩 다닌 적이 있어, 길 같기도 하고, 아닌 것 같기도 한 산길을 자욱길, 바닷가 벼랑위에서 물가로 이어지는 좁은 비탈길을 벼룻길이라 부른다는 것 등이다.

따지고 보면 살아간다는 것이 삶의 길을 걷는 것이라는 사유(思惟)에서 길은 곧 삶이라고 해석할 수 있을 것이다. 그러나 나의 경우는 길을 가면서 삶을 살고 있다고 생각한 적은 없다. '삶'보다는 훨씬 좁은 의미로 '시작한다', '떠나간다'는 마음가

짐으로 길을 걸어왔다. 지난 20여 년을 하루같이 새벽등산을 하고 있는데, 네 시 반이면 집을 나와 손전등으로 어둑어둑한 산길을 열어가면서 무언가를 찾아 떠나는 작은 설렘을 느끼곤 한다. 그렇기에 길은 내게 있어 '찾아 떠나는' 출발의 의미로 다가온다.

먼 길을 바삐 달려왔다. 저 멀리 아득한 곳 어디엔가, 내가 그리던 그 무엇이 있을 것만 같아 지혜를 짜내 지름길을 찾아 오기 숨이 가쁜 여든의 고개를 넘었건만 내가 찾던 건 보이지 않는다. 그것이 무엇인지 조차도 모르고 있으니 때론 허망하다는 생각도 든다. 이럴 줄 미리 알았다면 저 멀리 에움길 돌아서 세상구경 찬찬히 하며 쉬엄쉬엄 올 걸 그랬나 싶기도 하다.

木月은 중년에 삶의 뜻을 알고 걸었을까?

남으로 난 외줄기 밀밭 길을 구름에 달 가듯 걸었던 그 황혼이 내리는 시골집을 멀리 바라보며 술 익는 냄새를 맡을 수 있었던 여유로운 행보가 부럽기까지 하다.

사람이 자주 밟아가는 곳은 어디라 할 것 없이 길이 된다. 그 길에서 꿈을 펼친다. 주위를 둘러보며 길을 이르는 맛깔스런 우리말들이 얼마나 되는지 주워보자.

꼬불꼬불 논두렁을 돌아가는 길은 논틀길,

논밭 사이의 좁은 길을 사랫길,

마을 뒷길은 뒤안길,

자그마한 산이나 호수, 혹은 섬의 둘레를 찬찬히 둘러볼 수 있도록 만들어둔 산책길을 둘레길,

바닷가를 따라 난 길을 산이나 동네로 연결시킨 길을 제주 지방에서는 올레길이라 하더라.

일껏 만들어진 길이라 하여도 밟지 않고 내팽개쳐 잡초가 무성하고 황폐해진 길을 푸서리길이라 한다.

남도 갯마을 여인들이 저녁 찬거리를 마련하기 위해 갯가에서 조개나 고둥, 파래나 미역을 따는 일을 (개)바리라 하고 바리를 위해 찾아가는 갯가 길을 바리길,

돌이 많아 걷기 힘든 길은 너덜길,

얕은 산이나 언덕배기 위로 곧장 올라갈 수 있도록 만들어진 길을 여인들이 앞 가리마를 탄 것처럼 보인다 하여 가르맛길,

야트막한 산기슭의 좁은 길은 자드락길,

돌담을 돌아가는 자그마한 동네 길을 담길,

바다 속에 숨겨진 암초가 없어 배들이 마음 놓고 편히 다닐 수 있는 바닷길을 물길이라 했다.

숫눈길은 첫눈이 내려 아무도 밟지 않은 길을 말하고,

후밋길은 사람이 잘 다니지 않는 구석지고 으슥한 길을 이른다.

오솔길은 자그마하면서도 호젓한 분위기의 길을 말한다. 평

안도 지방에서는 이런 길을 소래길이라 부른단다.

크고 번듯한 길보다는 자그마한 길을 걸으면서도 그 길에 예쁜 이름을 달아주어 섬세하게 삶을 새김질했던 조상들의 정 깊은 모습이 느껴진다. 아침저녁으로 늘 걸어갔던 평범한 길, 그 길의 조그만 차이에도 작은 꿈을 심고 살았던 여유로움이 솜털 같은 따사로움을 전한다.

문득 중학교 때 읽었던 곽하신(郭夏信)작가의 단편소설 신작로(新作路)가 생각난다. 지난날 소달구지가 다니던 길을 확장하여 버스나 트럭이 교차할 수 있도록 근대화시켰다하여 새로 만든 길, 신작로(新作路)라 불렀다. 곽하신의 신작로는 산골마을에 살던 돌쇠와 정이의 얘기였다. 초등학교 친구인 이 둘은 까닭 없이 미워하고 까닭 없이 좋아하며 정이 들었는데 서울로 이사를 가게 된 정이더러 돌쇠는 이사 가지 말라고 하지만 될 법한 얘기가 아니었다. 이삿짐을 실을 트럭이 오자 돌쇠는 열심히 짐 싣는 일을 도와준다. 정이네 식구가 타고 떠날 버스가 출발하려는 정류장, 정이의 눈에 눈물이 고여있는 것을 보는 순간 돌쇠는 자기도 모르는 사이에 차표를 끊어 버스에 오르고 버스는 떠난다. 달리는 버스의 뒤에도, 앞에도 신작로가 끝없이 펼쳐져 있다는 얘기다. 새로운 삶에의 도전으로 무작정 길을 나선 한 소년의 모습에 가슴 저려했던 그날의 독후감이 새삼스럽다. 돌쇠가 달렸던 그 신작로는 지금 고속도로가 되었고 수많은 돌쇠들이 지금도 고속도로를 질주하고 있으리라.

소월의 <길>을 보자

(앞부분 생략)
여보소 공중에
저 기러기
공중엔 길이 있어 잘 가는가?

여보소 공중에
저 기러기
열십자 한복판에 내가 섰소

갈래갈래 갈린 길
길이라도
내게 바이 갈 길은 하나 없소.

일제(日帝)의 식민지 치하에서 갈 길 몰라 방황하던 지식인들의 아픔을 소월은 십자로 한복판에 서 있는 고독과 번민으로 표현했는데 국민소득 $30,000시대를 살고 있는 오늘의 젊은이들은 어떤 의미로 길을 찾아가는 것일까?

길은 늘 열려있고, 인천국제공항 활주로(滑走路)에는 오늘도 꿈을 찾아 프린스톤으로, 하버드로 떠나는 젊은이들로 하늘길이 비좁다.

길은 출발이다. 길은 꿈이다. 팔순의 허리쯤을 살고있는 나도 '이상(李箱)처럼 날고 싶다'고 생각을 할 때가 가끔은 있어야 할 텐데, 날개가 돋아나려면 겨드랑이가 가려워야 할 텐데 도무지 소식이 없다.

# 독일병정을 보내면서

나는 언제부터인가 내 어머니를 내심(內心)으로 독일병정이라 불러왔다.

내가 알고 있는 독일병정의 모습은 허리우드 영화 속에서 보았던 것이 전부이다. 전투의 초반에는 언제나 기선을 제압하지만 끝내 어느 한 전투도 승리로 이끌지 못하는 단골 패전의 군대이다. 실재 전투에서야 그렇지만은 않았으련만 세계대전에서 패전국의 멍에를 쓴 군대가 무슨 할 말이 있겠는가.

비록 전투에서는 패하고 말지라도 영화에 비쳐지는 독일군의 모습은 한마디로 상관에 대한 무조건적 복종과 인간미가 없어 보일만큼 철두철미한 신념으로 굳어진 기계 같은 인간이었다. 인간 의지의 한계점에서 자신을 버리고 군율을 따라야하는 고독한 인간상이었다.

20여 년 전 어느 여름날이다. 누군가가 선물로 가져다 준 찹쌀떡이 밤새 변하여 쉰 냄새가 물씬거리는 걸 본 어머니께서 떡이 담긴 상자를 들고 부엌으로 가신다. 으레 버리려니 했으나 그게 아니다. 떡 속에서 팥소를 발라서 물에 흘려버리고 떡의 몸통 즉 찹쌀반죽 부분만을 말끔히 씻어 따로 모우는 것이다. 무명 옷가지와 베갯잇이나 이불잇에 풀 먹일 때 요긴하게 쓰인다는 말씀이시다. 쉬어버린 찹쌀떡 하나에서도 버려야 할 부분과 버리지 말아야 할 부분을 가리시던 어머니의 모습은 단순히 절약의 미덕을 실천하려는 것이 아니었다. 쓸 수 있는 것을 버리는 것은 자신의 양심을 버리는 것으로 생각하시어 일의 결과보다는 과정에 최선을 다하심에 귀천을 가리지 않으시던 분, 그 어머니의 얼굴 위에 독일병정의 모습이 영인(影印)되는 것을 나는 보아왔다. 자신을 향한 채찍을 놓은 적이 없는 9순의 독일병정은 하루의 일과를 일기장에 말끔히 정리하고서야 잠자리에 드시는 완벽주의자셨다.

화장실에서 넘어져 거동을 못하시는 어머니를 대학병원에 모셨다. 90의 나이에 당뇨병을 40년간 앓고 계시니 몸속 어느 한 군데도 좋을 리가 없음은 짐작한 바이다. 코 속 깊숙한 곳에 악성 종양이 자라나고 있어 그 압력으로 안면신경이 마비되고 있단다. 처음엔 눈이, 며칠 지나니 귀가, 그리고는 입술 근육도 마비되어 물을 드려도 흘려버리시니 약도 미음도 코 속으로 꽂아놓은 고무호스를 통하여 주사기로 밀어 넣는다. 혀도 굳어가는지 어눌하던 말씀도 끊으신다.

죽음은 단순한 공간적 이동을 뜻하는 것이 아니라 삶에서 맺은 인연과의 단절을 말함이니 세월로 때묻어온 정을 끊는 아픔이 어찌 쉬운 일이겠는가. 그렇기에 평범한 죽음에는 이별연습이 선행돼야 하는 것이리라고 생각한다.

나이 들어가면서 활동범위가 좁혀지고 만나는 사람의 수가 줄어질 때는 이미 이별연습이 시작된 것이 아닐까. 삶의 길에서 어머니와 함께했던 길동무들, 혹은 깊게 혹은 얕게 맺었던 연분들이 소문을 듣고 병실로 찾아드는 것을 보면서 이별연습의 마지막 리허설을 보고 있는 느낌을 지울 수가 없었다.

나와 어머니와의 이별연습은 이미 10여 년 전부터 시작되었다. 당뇨병 약을 드시다가 인슐린 주사로 바꾸게 되면서부터는 내가 그 주사를 놓는 역할을 10년간 맡아왔다. 인슐린 주사쯤이야 혼자서도 능히 놓을 수 있지만 굳이 내가 이른 아침에 주사를 놓아드렸던 것은 차츰 가까워지고 있는 이별의 길목에서 마음 나누며 살아온 핏줄의 의미를 확인하는 절차였으리라. 몸져누우신 지 두 달, 이젠 나의 작은 수고마저도 받아들일 수 없어 이별연습의 종료를 묵언으로 통보하신다.

매사에 완벽주의자이신 독일병정은 자기의 뜻대로 수의(壽衣)를 장만하셨고 빈소에 놓을 영정(影幀)까지도 액자에 넣어 두신 이별준비의 완료 앞에서 더는 어머니를 위해 해드릴 게 없으니 허전함이 더할 뿐이었다.

논리나 계산으로 풀 수 없는 무조건의 사랑을 어머니라는 말로 엮었던 승리자의 모습이기도 했고, 때로는 희생하는 것으로 만족해했던 패배자의 모습이기도 했던 사람, 그는 한 점의 바람이었기에 '어머니'란 말 외에 어떤 수식어도 풀어낼 수 없는 허상(虛想) 바로 그것이었다.

어머니 묘의 봉분은 일부러 만들지 않았다. 어머니란 이름의 독일병정을 내 가슴에 묻고 봉분 없는 조그만 묘비 하나를 아버지 곁에 누이기로 했다. 가을바람 짙어지면 그리움은 더욱 간절할 것이고, 몇 번의 가을을 흘리고 나면 그 아픔도 둔해질 것이니, 만나고 헤어지는 인연의 의미를 시월 맑은 하늘에 흘려보낸다.

# 마곡사(麻谷寺) 일기

12월 31일, 달력의 마지막 숫자 앞에 서면 언제나 그러하듯 가슴이 썰렁해진다. 휑하니 속이 빈 가슴팍에 떨어져 내린 날들이 낙엽 되어 흩날린다. 이 공허를 달래줄 무엇인가를 찾아서 세모에는 약속이라도 한 듯 가벼운 여장을 챙겨 길을 나서는 것이 벌써 여러 해 째다.

어둠이 내리기 시작할 무렵에 마곡사(麻谷寺)에 닿았다. 고승의 설법을 들으려 찾아드는 중생들이 골짜기를 메우니 그 총총함이 밭에 삼(麻)을 심어놓은 듯하다하여 마곡사(麻谷寺)라 이름 지었다는데, 그 흥성은 세월 속에 흔적 없고 오히려 침잠한 분위기는 황혼 길을 걷는 노인의 쇠잔함으로 다가와 하루 밤 묵어가는 길손의 심사를 소연(蕭然)하게 한다.

나는 왜 여기 왔을까? 매월당(梅月堂)이 묵었던 풍류를 찾자 함도 아니요, 백범(白凡)이 은거했던 충절을 보자 함도 아니다. 죽음과 삶의 의미를 찾아 고뇌하는 구도자의 모습을 기리자는 것은 더욱 아니다. 그렇다면 한 해가 저무는 길목에서 고향 찾는 실향민의 마음만큼이나 나를 최면 시킨 힘은 도대체 무엇이란 말인가?

옛날에 어떤 이는 행복을 찾아서 길을 나섰고, 또 다른 이는 봄을 찾아서 집을 떠났다는데, 지금 나의 행각은 찾고자하는 목적조차 모르니 이 미욱한 노릇을 어찌 할고. 간간이 바람에 우는 풍경소리에 밤이 깊는다.

주위가 어수선하여 잠에서 깬다. 묵직하게 다가오는 범종의 저음(低音)이 이불 속까지 파고들어 문득 산사에 누워 있는 나를 확인하게 한다. 둔탁한 법고(法鼓) 소리는 산짐승을 위함이고, 날렵한 운판(雲版)의 울림은 날짐승의 몫이고, 다소곳한 목어(木魚)의 울음은 물고기들에게 생명의 화음을 전하는 것이란다. 이같이 잠든 산천을 일깨워 또 하루 수도(修道)에 드는 행위를 '도량석(道場釋)'이라 한단다. 평소에는 그토록 평온하게 느껴지던 산사의 종소리, 북소리, 염불소리가 전에 없이 소란스레 느껴져 오니 이 무슨 조화인고? 비록 수도하는 승려의 손에서 만들어지는 소리라 하여도 산의 정적 속에서야 한낱 소음임을 알게 되니 인간됨의 오탁(汚濁)을 어찌 탄하지 않으랴.

날이 밝자면 아직도 한참인데, 산 넘어 저만치서 오고 있을 새해 아침을 생각하니 더는 잠이 올 것 같지가 않아 자리를 털고 일어나버린다. 방문을 열어본다. 짜릿하게 얼굴을 덮쳐오는 냉기와 함께 눈앞의 천지를 백야(白夜)로 만들어 놓은 보름밤의 화려한 변신 앞에 나는 한동안 망연해진다. 백설이 만건곤(滿乾坤)이라더니 바로 이를 두고 이름이구나. 대웅전도, 석탑도, 나목들도, 산자락과 한 덩어리로 엉겨 붙은 순백의 통정(通情)에 설화(雪話)는 자지러지고, 구름 사이로 쏟아지는 달빛기둥은 이미 빛이 아니라 속삭임이 되어 목덜미에, 가슴팍에 스며들고 있으니 하늘과 땅을 하나로 만들어 놓는 신의 무대 연출이다.

마력에 홀린 듯 천천히 도량 안으로 발을 옮겨간다. 몇 가닥의 목탁소리가 덜 깨인 잠을 쫓으며 머릿속을 씻어준다. 합장하고 절하고, 합장하고 절하고, 간간이 죽비를 후려쳐 칼날 같은 소리를 만들어내는 스님의 동작은 얼음 같이 차다.

'깨어나라. 안식은 허영이다. 각고의 아픔을 씹어 허욕의 껍질을 벗고 본래의 네 모습을 찾아 나서라'

판관의 선고 같은 엄숙하고 무거운 기(氣)가 사방을 짓누른다.

다그치는 자도 없고 감시하는 자도 없는 골 깊은 산사의 안식과 평온을 스스로 깨고 일어나 영하의 눈바람 속에서 또 하루의 구도를 시작하는 저 사람들이 희구하는 것은 무엇일까? 저들이 찾고자 하는 부처의 길은 어떤 것일까?

행복을 찾아서 떠난 사람도, 잃어버린 자신의 부처됨을 찾아서 선(禪)에 드는 스님도, 무엇을 찾는지조차도 모르면서 세모에 무작정 집을 떠나온 나 자신도 하나같이 어디론지 가고 있다는 사실만은 틀림이 없다. 어디에서 무엇을 얻을 수 있을지는 모를 일이로되 생명이 있는 시간까지는 허덕이면서 흘러야 한다. 그렇다. 인간의 삶은 애당초 타향살이인 지도 모른다. 사람이 여행을 즐겨하는 것도, 외로움을 타는 것도 타향살이가 서러운 영혼의 몸부림인 지도 모른다.

사랑하는 마음으로 흘러서 한 바퀴 돌고, 미워하는 마음으로 흘러서 또 한 바퀴 돌고나면 세월의 나이테는 또렷하게 한 주름살 더 그려놓는데, 찾아야 할 것은 아직도 감감하기만하다. 그러나 다가올 것에 대한 정답을 모르기에 하루하루는 새로운 도전이 되는 것이고, 기다림과 그 가능성에 가슴 설레어하며 생명의 길을 찾고 있는 것이 아닐까?

얼음판 사이로 소리 내는 개울물을 떠서 세수를 한다. 손가락이 아리고 얼굴이 따끔거린다. 시리도록 맑은 바람 속에 마곡사의 새해 아침이 열리고 있다. 도심의 번거로움에 진력이 나서 발 가는대로 찾아든 절집의 하룻밤이었는데, 마당에서 펼쳐진 황홀한 자연의 연출은 살아서는 잊을 수 없는 꿈의 무대였다. 나는 그 무대에서 단역 배우였을까, 아니면 관객이었을까? 어쨌건 신이 써간 서정적 드라마에 내 영혼이 흠씬 젖었던 하룻밤을 가슴 깊이 간직하리라.

# 매물도의 파도 소리

J!

나는 오늘 남해의 낙도 매물도에 다녀왔습니다.

거제도의 장승포항에서 뱃길로 한 시간여에 있는 이 섬의 경관이 수려하다는 얘기는 들어왔는데 최근에 관광유람선이 정기항로를 열었다기에 초등학교 친구 몇이서 가을 나들이를 했습니다.

관광선 선장에게 매물도의 대강을 들어보았지요. 매물도는 세 개의 섬으로 되어 있는데 50여 세대가 살고 있는 대매물도는 볼만한 것이 없고 무인도인 소매물도는 해안선을 따라 병풍처럼 둘러쳐진 기암괴석(奇巖怪石)이 괜찮은 볼거리이며 등대섬에 올라서 바라보는 소매물도의 원경과 흩어져 있는 바위섬들의 앙증스런 모습이 한번쯤은 볼만하다는 것이었습니다.

여객선이 대매물도에 닿았을 때는 이미 정오가 가까웠는지라 몇 곳 식당에는 앉을 자리가 없을 것이라는 선장의 말에 우리 일행은 먼저 작은 배로 갈아타고 섬을 한 바퀴 돌아본 뒤에 느지막이 점심 먹을 곳을 찾아보기로 하였습니다.

그런데 이를 어찌 합니까 J!

불과 30분 정도에 소매물도와 등대섬의 볼거리들을 모두 편답하고 말았으니 그 규모의 왜소함이여—. 멀리 부산에서 아침잠을 설치고 떠나온 시간과 거리에 비춰보면 너무도 약소한 결실인 것을.

그러나 J!

우리 일행의 나이가 이미 70대의 허리를 지나고 있는지라 삶의 굽이굽이에서 겪었던 실망과 회한이 한두 번이었던가요. 거기 가을 익는 바다가 있고 허파를 채워 넘치는 갯내가 있다는 것만으로 하루를 감사할 줄 아는 연륜이기에 매물도의 풍광이 거암(巨巖), 기암(奇巖)의 웅장함이 아니어도 좋았습니다. 촛대, 부처, 거북을 닮은 아담하고 소박한 바위 얼굴을 가슴에 담아 만족하기로 하였습니다.

우선 시장기를 해결하는 것이 급선무인지라 밥을 지어준다는 어느 민박집 대문을 밀고 들어갔고 거기서 인형을 목욕시키고 있는 꼬마 아가씨와 마주치게 됩니다.

"너 이름이 뭐지?"

"혜민이"

"몇 살?"

"다섯 살"

아빠는 통통배로 섬 주위를 구경시켜주는 일을 하고, 엄마는 손님에게 더운밥을 지어 주면서 딸 하나를 더불어 살아가는 단출한 가정이었습니다.

"혜민이는 엄마가 좋아 아빠가 좋아?"

"다 좋아"

"혜민이는 친구가 있어?"

"없어"

"손에 들고 있는 게 뭐지?"

"과자"

"할아버지에게 한 개만 줄래?"

"싫어"

"나눠 먹어야 착한 어린이란다. 한 개만 줘"

"싫어"

천 원짜리 지폐 한 장을 혜민에게 건네주며

"이것 가지고 과자 사 먹어"

"싫어"

때 묻지 않은 순박함 때문인지, 낯선 외지인에 대한 배타적 감정 때문인지 몰라도 혜민은 한사코 돈 받기를 거절하였습니다.

"혜민아 부산에 가면 큰 학교도 있고 친구도 많이 있단다. 할아버지 따라 부산 갈래?"

"싫어"

"부산에 가면 기차도 있고 자동차도 있고 비행기도 있고 맛있는 것도 많단다. 부산에 가자"

"싫어"

"그러면 부산에 가지 말고 할아버지가 혜민이 하고 여기서 살까?"

"몰라"

식사가 들어왔기에 혜민과의 대화는 그쳤고 시장기 때문인지, 아낙의 솜씨 때문인지는 몰라도 싱싱한 해물찌개에는 바다향이 물씬하였습니다.

이곳 사람들은 대개 통발어업으로 고기를 잡아 살아가고 있으며 더러는 관광객을 상대로 바닷길을 안내하기도 하고 먹을거리와 잠자리를 제공하기도 한답니다.

섬 생활이라 쓰임새가 적어 경제적으로는 큰 어려움이 없으나 자식의 교육이 문제라고 했습니다. 초등학교 분교에는 네 명의 학생이 있는데 2년 후면 폐교될 예정이라니 혜민의 교육을 위해 육지로 이사 갈 일이 고민이라 했습니다. 격의 없이 수더분하게 할 말을 틀어 놓는 아낙의 넋두리는 낙도 사람들의 아픔을 우리들 손바닥에 올려놓아 주었습니다.

J!

장승포로 돌아갈 시간이라 하직인사를 하고 일어나 신발을 신는데 방에 있던 혜민이가 쫓아 나와 소리를 지릅니다.

"신 벗어!"

"왜 신을 벗어?"

"여기서 산다고 했잖아"

그 순간 나는 할 말을 잊고 멍해져버렸습니다. 혜민에게 던졌던 내 말을 생각했습니다. '부산에 가지 말고 혜민이랑 여기서 살까?'

나의 제의에 대한 혜민의 응답이 '신 벗어'로 표현된 것입니다. 같이 살자는 뜻입니다.

뭍에서 온 낯선 사람에 대한 경계감 때문에 묻는 말마다 부정적 답변으로 일관했던 혜민이가 아니었던가요. 평소에 얼마나 사람이 그리웠으면, 사람끼리 뒤엉켜 주고받는 정에 얼마나 굶주렸으면 만난 지 한 시간 만에 외지인에 대한 저항감을 접었던 것일까요 '나하고 같이 살겠다더니 왜 신을 신고 떠나려 하느냐, 약속을 지켜라, 신을 벗고 올라오라'라는 뜻을 담은 혜민의 절규가 '신 벗어!'라는 비수가 되어 가슴에 꽂혀왔습니다.

J!

혜민의 그 한 마디는 낙도의 고독을 울부짖는 파도 소리였습니다. 친구가 없어져버린 광장을 홀로 헤매는 현대인의 목마른 독백 그것이었습니다. 문명의 그늘에서 퇴색되어가는 인간의 존엄이 앓고 있는 병, 바로 그것이었습니다.

돌아오는 뱃길 뒤로 매물도는 낙조 속에 사위어지는데 혜민의 '신 벗어' 소리는 썰렁해진 가슴속에 누가 버리고 간 낚시찌처럼 동동 떠 있었습니다.

# 손녀와 봄

나는 사계절 중에서 겨울을 제일 좋아 했었다. 엄습해 오는 냉기 앞에서 겸손을 배우고 따습게 감싸주는 온기 앞에서 은혜를 배우면서 내가 살아있음을 확인하곤 했었다.

겨울이 가고 봄이 올 양이면 겨울잠이 지루해진 싹들의 눈뜨는 낌새가 싫지는 않았으나 추웠다 더웠다하고, 흐렸다 개었다하고, 황사먼지에다 꽃가루 바람까지 불어오는 어수선함이 좋지 않았기에 자연의 변덕스러움 정도로만 알고 봄을 맞았을 뿐이다.

그런데 언제부터인가 봄이 좋아지기 시작하더니 근래에 와서는 겨울을 밀어내고 나와 가장 가까운 자리에 봄이 밀착해 있다. 돌이켜보면 그건 손녀가 태어나면서부터의 변화인 것 같다. 젖먹이 때는 조심스레 배시시 미소 짓던 손녀의 얼굴에 살점이

토실토실 붙기 시작하면서부터 웃음은 방긋방긋 커졌고, 아장아장 걷던 걸음마가 깡충깡충 뛰기 시작하면서부터 간드러지게 까르르 웃는 개구쟁이의 싱그러움이 내속에 새로운 봄으로 피어났기 때문이다.

얼음 녹는 산 계곡에 핀 버들강아지의 뽀송한 솜털이 매서운 바람을 마주하고 서서 오뚝 고개를 든다. 마디마디 아린 기다림을 노란 꽃술로 피우면서 산수유는 가슴 저미는 냉기 앞에서 의연하게 웃음 짓는다. 그것은 고난을 이겨낸 승리자의 환호다. 태동과 출생의 험로를 지나 생명의 경외(敬畏)로 오는 손녀의 모습이다.

겨울은 그리움의 계절이었기에 그 품에서 만난 어느 것 하나 절실하지 않는 것이 없었다. 발가벗은 나무들이 바람에 우는 소리는 기도보다 간절하고, 눈이 내린 새벽길을 누군가가 처음으로 밟고 간 자국엔 점점이 소망이 묻어났다. 가로등 밑을 지나다가 군고구마 익는 내를 뿌리칠 수 없어 몇 알 사들고 돌아설 때 손끝에 만져지는 온도는 어머니의 체온이었다. 두꺼운 껍질 속에서 조용히 익혀온 그리움의 실체를 찾아 겨울 속을 방황하다가 마침내 보게 된 봄의 얼굴은 잎도 피기 전에 꽃불을 지펴야하는 고독한 목마름이었다.

봄은 현실로 나타난 꿈의 얼굴이다. 남의 어깨너머로 발돋움해 보던 꿈, 오는 듯 가버리는 것이기에 할아버지가 찾으려다 놓쳐버린 그 꿈을 오늘은 손녀가 할아버지의 목말을 타고 찾아

나선다.

손녀에게도 여름이 오고 가을도 올 것이다. 그러나 사람들은 가을이 되어도 연못가에 핀 봄꿈에서 깨어나지 못하는 게 보통이니 범부(凡夫)인 나의 어리석음 속에서 손녀는 영원한 봄의 모습으로 남아 있을 뿐이다. 설혹 손녀의 봄이 기약된 시행착오와 함께 시들어간다고 할지라도 할아버지는 그 시행착오를 깨닫지 못하고 떠나야 할 신이 내린 나이의 한계를 가지고 있으니까.

이따금씩 손녀를 안아본다. 그때마다 한결 무거워졌다고 느끼는 것은 손녀의 체중이 불은 까닭이요, 불어난 손녀의 체중만큼이나 할아버지 팔뚝의 근력이 노쇠 되고 있기 때문이리라. 손녀가 자라는 봄을 지켜보며 겨울을 사는 어느 할아버지도 자기의 겨울날이 손녀의 크기만큼 소진 되고 있음을 두려워하지 않는다. 단지 할아버지보다 용기 있게, 할아버지보다 열심히 살아 달라는 하얀 꿈을 손녀의 영혼 속에 심고 있을 뿐이리라.

꿈을 먹고 자라는 나의 손녀, 올 봄에도 한 뼘쯤은 좋이 자랐을 테지.

# 한복(韓服)과 나

초등학교에 들어가기 전에는 설이나 추석 같은 명절을 기다려 새 옷 한 벌을 입게 되는 것을 큰 기쁨으로 알았던 풍속도가 기억 속에 있다. 나에게 그 새 옷은 대개 한복(韓服)일 경우가 많았다. 그러나 사내들에게 한복(韓服)의 바지는 생리 현상을 해결하기에 불편한 점이 있어 초등학교에만 들어가도 한복 입기를 달가워하지 않았고 엄마들도 갈무리에 손이 많이 가는 한복을 해 입히기를 선호하지 않는 편이었다.

그런데 나의 경우는 조금 달랐다. 어린 아이 때는 말할 것도 없고, 중고등학교 때에도 명절에는 즐겨 한복을 입었다. 입었다기보다는 어머니께서 입혀 주셨다. 두루마기까지 걸치고 긴 섶과 옷고름이 바람에 날리는 한복의 멋을 즐기곤 했었다. 대학생이 되어 부모의 슬하를 떠나는 짐꾸러미 속에 솜이 든 바지저고리 한 벌을 넣어 주시며 '서울의 추위는 부산과는 격이 다르니 잘 챙겨 입도록 하라'시는 당부가 있었다.

솜이 든 바지저고리는 그 특유의 포근함 때문에 외풍이 심한 하숙방에서는 더할 나위 없는 겨울친구가 되었고, 한 술 더 떠서 학교에까지 입고가기에 이른다. 눈비가 오는 날 말고는 겨울 한 달 동안 집에서 입던 바지저고리 위에 코트를 걸치고 등하교를 했으니 학생치고는 흔치 않은 복장이었을 것이다. 처음에는 다른 학생들이 내 몰골을 어떻게 생각할까에 신경이 쓰이기도 하였지만 이삼일이 지나자 남의 시선보다야 따뜻하게 겨울나는 내 입성에 자신이 생겨 조금도 거리낄 게 없었다.

어릴 땐 명절나기 친구, 학생 땐 겨울나기 친구이던 한복이 지천명(知天命)에 들어선 어느 날, 여름나기 친구의 모습으로 나를 찾아오게 된다.

노모(老母)께서 방 한가운데에 모시 바지저고리 한 벌을 펼쳐놓으시고 돋보기안경 너머로 마름질과 바느질을 진종일 하시더니 정갈하게 다림질 된 모시옷 한 벌을 내 앞에 내려놓으신다. '네 아버지 옷인데 한 해밖에 입지 않은 것이라 아까워서 버리지 못하고 있다가 문득 생각이 나서 네 치수에 맞도록 고쳤으니 입도록 하라'신다. 시원한 옷이긴 하지만 한 번 입고나면 구겨지고 비틀어지는 주름살을 감당하기가 힘들 것 같아서 입기에 부담스럽다고 말씀드렸더니, 나이든 남자들의 모시옷은 구김살이 약간 있어도 흉이 되지 않으며 나들이 할 때 나이에 걸맞은 품위를 지키기 위해서 다소간의 번거로움을 무릅쓸 줄 알아야 하는 것이 사람 사는 도리라 하셨다.

몹시도 더웠던 그해 여름, 노모께서 땀으로 지어 주신 그 모시옷을 입으면서 시원함 보다는 지난 날 느낄 수 없었던 잔잔한 아픔이 어렴풋이 지나가는 것을 느끼곤 했었다. 그러나 여인이 지아비나 자식을 위하여 손수 해 줄 수 있는 일 중에서 음식을 만들어 먹이거나 옷가지를 지어 입히는 것이 가장 큰 보람이었던 시대의 마지막 승계자로 사셨던 어머니의 사랑표현을 그 때 나는 정확히 읽어내지 못했던 것 같다.

안중근 의사께서 사형집행을 당하시기 며칠 전 어머니께서 보내신 새로 지은 한복 한 벌과 '조선의 아들답게 당당히 죽어라'시는 편지를 받았다는 글을 읽었을 때, 안 의사(義士)의 죽음 앞에 놓인 그 옷과 그 편지의 뜨거움과 무게감이야말로 인간이 느낄 수 있는 극한의 사랑이었으리라 싶어 그 숭고함에 소름이 돋았던 기억이 있다.

모시옷 입기를 꺼려하던 나에게 '자신에게 걸맞은 품위를 지키기 위해서 다소간의 번거로움을 감내하는 것이 사람 사는 도리라' 하시던 꾸중 같기도 하고 당부 같기도 한 사랑 표현이었던 것을, 어머니 가신지 15년, 내 나이 여든이 넘어서야 밤길에 달빛같이 포근하게 다가오니 되돌릴 수 없는 이 불효를 어찌할까?

# 할아버지의 담배쌈지

할아버지는 1880년 경진(庚辰)생, 용띠이시고 그로부터 60년이 흐른 1940년 경진(庚辰), 용띠 해에 내가 태어났다. 60년 띠동갑이 된 조손(祖孫)은 언제부터인가 집안 식구들 중에서 가장 가까운 친구가 되어 있어 어릴 때의 내 추억들은 모두 할아버지와 함께한 것들뿐이다.

1950년대, 초등학생의 놀이로는 딱지치기, 구슬치기, 자치기, 제기차기, 팽이치기 그리고 연날리기가 전부였는데 할아버지께서는 그 놀이 도구들을 손수 만드셔서 넘치도록 많은 양을 공급해 주셨기에 동무들은 모두 밑천 많은 나의 편이 되기를 원하곤 했었다. 그렇기에 할아버지는 필요한 모든 것을 해결해 주는 요술방망이요, 우뚝 서 있는 신앙 같은 존재이셨다.

집 뒤곁의 널찍한 밭뙈기는 할아버지의 일터였기에 나는 할아버지를 따라 그곳에서 보내는 시간이 많았다. 집안 식구들의 반찬거리를 공급하는 할아버지의 농사는 다품종 소량생산일 수밖에 없었기에 어린 내게 있어 여러 가지 식물의 파종과 성장을 공부하기에 알맞은 자연 학습장이기도 했다. 뒤를 졸졸 따라다니는 손자가 지루하지나 않을까 해서 밭고랑에 모닥불을 피우시고는 수염 달린 옥수수를 꺾어 껍질째 구우면 금세 고소한 냄새가 나고 껍질과 수염을 벗기고 씹으면 따끈한 온기와 함께 입안에서 톡톡 터지는 알갱이의 고소함을 얼마나 즐겼던가. 호박구덩이를 파던 일이 제일 신기하였다. 한 아름 둘레의 크기로 구덩이를 깊이 파고는 그 속에 개똥이나 닭똥, 어떤 때는 사람의 그것까지도 섞어 재나 흙을 비벼 넣고 그 위에 호박씨를 심고 흙을 덮어놓는다. 며칠 지나면 호박 싹이 돋고 놀라운 속도로 자라나며 요강단지만큼이나 큰 호박을 주렁주렁 달게 되니 가히 경이로운 생명의 신비를 보았던 것이다.

뭐니 뭐니 해도 할아버지 농사 중 으뜸은 담배였다. 당신께서 한 해 동안 피우실 담배를 손수 씨 뿌리고 거름 주고, 여름 한 철 더위 속에서 자라난 잎사귀를 잘라 묶어서 처마 밑 그늘에 말리면 잎담배가 된다. 잎담배를 썰어 아주 가느다랗게 된 것을 살담배라고 부르셨다. 할아버지께서는 담뱃불을 당기실 때는 부싯돌을 쓰셨다. 담배쌈지 안에 늘 넣어 다니시는 작은 대추 알 크기의 흰색 돌을 왼손에 쥐시고 오른손에 쥔 화투장

서너 개 정도 두께의 쇠붙이로 미끄러지듯 두들기면 반짝이며 튕겨져 나오는 작은 불씨를 솜에 받아서 입김을 호호 불어 키운 다음에 살담배가 채워진 담뱃대 끝자락에 붙이고 물부리를 빨면 담배가 타기 시작한다. 나도 부싯돌로 불을 만드는 일을 할아버지 몰래 여러 번 시도해 봤으나 실패하고 말았다.

할아버지의 담배쌈지는 요즘의 용도로 치자면 남성용 핸드백 같은 필수불가결한 소지품이다. 두꺼운 천으로 만들어 세 번을 접어서 한복의 조끼 주머니에 들어가는 크기가 되어야 한다. 쌈지의 제일 큰 주머니에는 실담배가 들어가고, 쇳조각과 부싯돌이 들어가는 작은 주머니도 있어야 한다. 지폐가 얌전히 보관되는 주머니며 비망록 역할을 하는 수첩과 몽당연필이 들어갈 주머니도 필요하다.

할아버지의 그 담배쌈지에는 일 년에 두 번씩 나의 대학생활을 윤택하게 해 주는 비밀이 들어있었음을 나는 고백하고자 한다.

방학이 끝나고 서울로 가는 날, 할아버지께 큰 절을 올린다.

"열심히 공부하고 오겠습니다. 할아버지께서도 늘 건강하십시오"

"오냐. 거기 좀 앉아라"하시며 담배쌈지를 열어 한 뭉치의 지폐를 꺼내어 손에 쥐어주신다.

"이 돈은 먹고 싶은 것 사먹는 데 써라, 네 아비에게는 내가 용돈 주더라는 말은 하지 말고."

두둑한 화폐뭉치는 당시 화폐단위로 가장 고액권이었던 이승만 대통령의 초상이 그려진 일천환 권 30여 장 쯤으로 기억된다. 얼마나 오랫동안 모아 오셨는지 알 수 없으나 화폐용지 속에 깊이 스며있는 담배 냄새가 코를 찔렀던 그 용돈은 한 달치 하숙비가 되고도 남을 거금이었다. 할아버지를 하직하고 돌아서면서 눈시울이 뜨거워졌던 것은 쌈지 속에 한 장의 지폐도 남기지 않고 모두를 털어줘서 아까울 게 없는 애정의 온도를 느낄 수 있었기 때문이다.

할아버지께서는 87년을 향수(享壽)하셨다. 아버지께서 외지에 출장 중이셨고 대낮이라 식구들은 아무도 없었기에 나 혼자서 할아버지의 임종을 지켜볼 수 있었던 것도 평소에 유별났던 조손(祖孫)간의 도타운 애정의 연장이라 생각하고 싶다.

돌이켜보면 할아버지의 일방적인 짝사랑을 나는 받았을 뿐이었고 나는 할아버지께 아무것도 드린 게 없었으니 지금도 할아버지에 대한 그리움은 무거운 빚이 되어 어깨를 누른다.

무신론자인 나로서는 죽은 뒤 저승이 있으리라고는 생각지 않으나 만약에 있을 지도 모른다는 일말의 가능성을 예상하면서 내가 떠날 때는 나의 손때 묻은 휴대전화기를 갖고 가리라. 만약에 할아버지를 만나게 된다면 부싯돌로 담뱃불을 붙이시던 그 손에 휴대폰을 쥐어드리면서 어느 한 버튼을 꼭 누르면 미국에서 공부하고 있는 당신의 5세 손자와 얼굴을 마주한 채 인사 받을 수 있다는 놀라운 현실에 행복해 하실 표정을 보고 싶기 때문이다.

# 3. 황혼이야기

# 50년 만에 돌아온 반지

2월의 마지막 날 오후다. P가 사무실 문을 열고 들어선다. 아무 예고가 없었기에 다소 의아했으나 초등학교 때부터의 해묵은 친구인지라 형식적 예의를 차려야 할 사이는 물론 아니다. 주머니 속에서 조그만 상자 하나를 끄집어내더니 뚜껑을 열고 그 속에 들어있는 금반지를 내 손가락에 끼워준다. 진한 침묵이 잠깐 흐른다.

시계바늘을 멀리 학생시절로 돌려보자. 비교적 윤택한 가정에서 태어난 나에게는 중학교에 들어가면서부터 혼자 쓸 수 있는 공부방이 주어진다. 형식적으로는 공부방이었으나 실상은 한 패거리가 된 서너 명 친구들의 놀이터이다. 훗날 대학에 들어가 뿔뿔이 헤어지기까지의 10년 가까운 세월을 익살꾸러기들은 작당하여 무슨 일을 벌이지 않으면 안 되는 줄 알고 머리를 맞대곤 한다.

악동들 모두 대학에 진학하는데 P만은 형편이 어려워 진학을 포기하고 자원하여 군(軍)에 입대한다. 3년의 복무기간을 마치고 집에 돌아왔어도 집안 사정은 나아질 게 없어 대학으로의 길은 엄두도 못 내고, 취직할 자리를 찾아 전전긍긍 하던 중 변두리 사립 중학교의 농구부 아이들을 지도하는 일자리가 손에 닿는다. P는 선천적으로 타고난 만능의 운동선수다. 군에서 농구선수생활을 한 경험을 살려 중학생 농구코치로 일하게 되니 끼니문제는 겨우 해결된다. 그러나 대학에 가고 싶은 꿈은 허기처럼 그를 목마르게 하고 있었다.

악동들은 사회생활을 시작한다. 한 친구는 건축설계 사무실을 열고, 다른 친구는 모직회사에 취직을 하고, 또 다른 친구는 유명한 전자회사에 디자이너로 일자리를 갖게 된다. 나도 아버지 회사에 들어가 일을 배우게 되었고, 장손은 빨리 결혼을 시켜야한다는 할아버지의 성화로 남 먼저 장가까지 들게 된다. 그러던 어느 날 P가 나를 찾아온다. 방향이 보이지 않는 미래를 그대로 걸을 수는 없는 일이라, 늦었지만 야간대학에라도 가서 공부하기로 결심은 하였지만 등록금이 너무 비싸 어찌해야할 지를 모르겠다는 사정을 털어 놓는다. 그에게 필요한 것을 내 손으로 해결해 주고 싶은 생각에 몸이 달았지만 월급쟁이 초년병이었던 나의 능력으론 대학등록금을 마련할 길은 없었다. 한참의 궁리 끝에 나는 손가락에 끼워져 있던 결혼반지를 빼서 P의 손에 쥐어 준다. 아내에겐 심히 미안했었지만 친구를 도와야 한다는 사명감이 더 컸기 때문에 나로서는 어쩔 수 없는 선택이었다.

나이 서른에 야간대학생이 된 P는 타고난 성실함으로 밤낮을 잊은 채 죽을 힘을 다하여 뛰고 또 뛰었다. 그의 신념과 열정이 주위 사람들로부터 인정을 받게 되고 크고 작은 도움에 힘입어 그는 대학원까지를 마친 후 모교에 전임강사 자리를 얻게 된다. 강의를 하는 한편 자신의 학문적 수행에도 게으름 없이 정진하여 오십이 넘어서 박사학위를 받는다. 교수로, 학장으로 후회 없이 학교일을 마친 후 정년퇴직하고 지금은 색소폰 연주에 깊이 빠져 만년의 삶을 살아가고 있다.

달포 전, P와 마주앉아 차를 마시던 중 그가 슬며시 꺼내는 말이

"언제라도 시간 좀 내어 반지 맞추러 가자"

그의 속내를 아는 지라 나는 일부러 목소리를 높인다.

"말도 안 되는 소릴 왜 하냐, 네 성실함이 너로 하여금 존경받는 교수로 살 수 있게 했고, 그 결과가 이렇게 한가로이 찻잔을 기우릴 수 있는 만년(晩年)을 살게 한 것 아닌가. 네 성실함이 아니었다면 내 결혼반지가 무슨 소용 있었겠나. 다시는 반지 얘기를 꺼내지 말게"

내 손가락에 꼭 맞는 맞춤반지를 만들어 돌려주려 했던 계획이 불가능한 일이라고 판단한 P는 눈대중으로 짐작한 크기로 반지를 만들어 예고 없이 내 사무실을 찾아온 것이다.

친구의 결혼반지를 팔아서 대학등록금으로 써야했던 고학생은 팔십 평생을 살아오면서 남자의 손가락에 끼워진 반지를 볼 때마다 그 옛날 그 반지가 생각나는 아픔을 겪었다며 제발 좀 받아달라는 P의 간청을 더는 거절하지 못하였다.

P가 돌아간 후, 그가 끼워준 반지를 들여다본다. 아내에게서 받은 사랑의 징표가 늦깎이 대학생의 학구열을 키우는 씨앗으로 변신하고, 그 씨앗은 인고와 열정의 한 세월을 겪으면서 대학교수의 삶을 살아왔었고, 퇴임한 80세의 노교수는 그 옛날의 반지를 출발점이었던 그 손가락에 끼워주는 한 폭의 동영상이 눈앞을 지나간다.

헤아려보니 이 반지가 한 바퀴 돌아서 내게로 다시 오는 데 50년이 걸렸다. 그 옛날의 그 반지가 내 손가락에 끼워진 채 움직이지 않았더라면 나와 함께 시들어가는 무명의 골동품에 불과했을 것이거늘, 나를 떠나 50여 년을 여행하고 돌아오니 싱싱한 젊은 반지 그대로다. 이 후에 누군가가 젊게 사는 묘약(妙藥)이 무어냐고 물어온다면 나는 서슴지 않고 여행이라고 답하리라.

# 가로수 잎 지는 소리

언제부터인가 동창회 사무실은 할 일 없고 갈 곳 없는 친구들의 대합실이 되어 있다. 정년퇴직이다, 명예퇴직이다 하여 직장을 떠나온 친구들이 심심파적하는 필수불가결의 장소이다.

하루도 빠뜨리지 않고 매일 출근하는 친구가 있는가하면 한 주일에 한두 번씩은 꼭 나타나는 단골도 있고 오다가다 생각나면 간혹 들리는 뜨내기도 있다.

가진 것이라고는 시간밖에 없는 친구들인지라 한 편에는 바둑판을 벌이고 다른 편에는 고스톱 판을 벌인다. 잔돈푼이라도 내기를 하는 놀이인지라 저절로 열이 오르기 마련이요 티격태격하다 보면 더러는 큰소리가 날 때도 있으나 이 같은 잡음이야 음식에 양념 끼이듯 하는 일인 걸 누가 탓하랴.

모두들 제 놀던 물에서야 한 소리깨나 하던 사람들인지라 소주잔이라도 한 순배 돌고나면 가슴에 응어리진 크고 작은 사설(辭說)들이 쏟아져 나오곤 한다. 가끔은 흙 속에 묻혀진 양심들을 찾아주는 열변도 있지만 그보다는 위장된 정의를 단죄하는 경우가 더 많으니, 이것은 그들 나름의 정연한 논리로 정계(政界)나 재계(財界)의 거물들을 휴지 쪽처럼 구겨버림으로써 흘러버린 자기의 푸른 시간들을 보상 받는다는 푸념쯤으로 생각해두자.

철지난 허수아비의 불평에 귀기울여 줄 사람 없음을 알면서도 지난날 못다 울은 울음을 오늘 다시 울고, 메아리 되어 돌아오는 제 소리를 제 혼자 들어야 하는 산비둘기들의 눈에는 가을빛이 외롭다.

"볼 일이 있어 오늘은 일찍 좀 가야 하겠네."

"응 잘 가게, 내일 또 보세"

내일이 오고 또 내일이 왔는데도 일찍 떠난 친구는 오지를 않고 누구 한 사람 그 친구를 찾는 자도 없다. 그 친구가 앉았던 자리에는 다른 친구가 앉았고 바둑판은 어제련듯 펼쳐지고 고스톱 판에는 끗발 오른 친구의 '고' 소리가 어제보다 크다.

떠난다는 것은 떠나는 사람에게 있어서만 중요한 변화일 뿐, 남은 사람들과는 무관한 일이라, 오늘도 어제같이 소주잔은 돌아가고 누군가의 무용담에 침이 마른다.

가을이 짙은 보도에 가로수 잎이 진다. 행인들이 그 낙엽들을 밟고 지나간다. 그러나 어느 누구도 그 낙엽들이 지난 여름 뙤약볕과 마주서서 그늘을 만들어 주던 녹색의 은혜이었음을 생각하려 하지 않는다.

청소부의 비질이 널브러져 있는 잎들을 쓸어 가면 시계(視界)를 어지럽히던 찢기고 바스러진 상처들은 말끔히 지워지고 하늘 높이 펼쳐진 푸름이 쏟아져 내린다. 그러나 누구도 그 푸름의 껍질 속에 들어있는 생성(生成)과 숙성(熟成)과 소멸(消滅)의 의미를 헤아리려 하지 않는다.

저만치 겨울이 오는 소리, 저만치 봄이 오는 소리를 새기면서 가을을 버티던 가로수 잎 하나가 바람에 날려 동창회 사무실 창문을 두드리고 지나간다.

# 가양주(家釀酒)의 맛

## - 도연명을 생각한다

젊고 유능한 목수와 노인이 산길을 같이 가고 있었다. 고개를 넘어서는데 어느 문중의 것인지는 몰라도 잘 정돈된 산소가 눈에 띄었다. 묘소 주위를 둘러싸고 있는 노송들의 묵묵한 시위가 선산의 품격을 한결 돋보이게 하고 있었다. 그런데 한 가지 특이한 것은 그들 도래솔의 수형(樹形)이 한결같이 묘소 안쪽으로 굽어져 있어 마치 봉분을 향하여 절을 하고 있는 것 같다.

'저렇게 굽어져버린 소나무는 아무짝에도 쓸모가 없습니다.' 하며 목수가 먼저 입을 열자 노인이 이내 말을 받는다.

'내가 보기에는 참 잘생긴 나무인걸요. 누군가가 저 솔을 심을 때 훗날 베어서 재목으로 쓰려하지는 않았을 겁니다. 조상을 경배하는 후손들의 마음을 아는 듯이 묘를 향해 허리를 굽

히고 있는 저 솔들이야말로 멋과 품위를 갖춘 명품이 아닐까요.'

그제야 정신이 번쩍 든 목수는 노인께 머리를 조아리며 '어르신! 이놈의 용렬함을 용서해 주십시오. 식견이 모자라서 눈에 보이는 것 말고는 헤아려볼 능력이 없었습니다. 어르신의 말씀을 듣자오니 세상살이에는 눈에 보이지 않는 삶의 의미가 있음을 알 것 같습니다.'하고 사과드렸다 한다.

목수의 시각이 현실이요, 힘이요, 자랑이라면 노인의 관점은 이상이요, 여유요 지혜가 아니던가. 노년이 되면 근육의 힘이나 두뇌의 회전으로는 젊은이들을 따라갈 수 없다. 나이 들었다는 사실은 벼슬도 훈장도 자랑도 아니다. 오히려 나이에 걸맞은 절제와 겸손이 강요되기 때문에 세월의 무게만큼 어깨가 무거워지는 것이 연륜의 참모습이다. 그러나 목수와 노인의 관계에서처럼 젊은이가 느낄 수 없는 세계를 찾아낼 수 있는 경륜을 가졌다는 것이 정년세대(停年世代)의 긍지요, 이를 후진들에게 전해주어야 하는 책무가 있으니 이 어찌 가벼운 소명이라 하겠는가.

자기가 할 수 있는 일과 해야 할 일을 알고, 열심히 살아가는 자기 모습에 만족할 줄 아는 안분지족(安分知足)의 선비로 나는 도연명(陶淵明)을 찾고 싶다.

도연명(陶淵明)이 관직을 버리고 낙향하면서 쓴 글을 귀거래사(歸去來辭)라 한다. 관직을 버리게 된 결정적 동기는 진(晋)

나라의 왕실이 피폐해진 틈을 타서 권세를 잡은 군벌의 부조리에 진절머리를 느꼈기 때문이다. 자연을 사랑하고 자연 속에 동화되어 구김 없이 살고 싶어 했던 도연명(陶淵明)의 성벽(性癖)으로 미루어 볼 때 부패된 정치풍토에 얽매일 수밖에 없는 관직에 오래 머물 사람은 아니었다. 고향을 찾아가는 길, 배를 타고 강을 건너고, 지나는 길손에게 고향 길을 물으면서 발길 가볍게 자연 속으로 들어가는 것이었다. 가족들, 친척들, 이웃들과의 반가운 만남과 부담 없는 대화에서 새로운 삶의 값을 발견하게 된다. 골짜기를 돌아 나오는 구름과 둥지로 돌아가는 새들을 보며 거문고를 타고 ,책을 읽고, 농부가 시키는 대로 밭을 갈며 자연의 순리를 배우고 익힘에 육신은 몹시 지치고 있었으나 정신은 더없이 맑은 평화를 만날 수 있었다. 세속의 욕심에서 해방되고 싶었던 필생의 꿈을 옮긴 글이기에 해맑은 인품이 묻어나는 귀거래사(歸去來辭)는 후학들에게 절찬 받는 명작으로 읽히게 된다.

도연명은 관직이라는 기득권을 포기하는 외로움을 흙 속에 바람 속에 묻을 때 부조(浮彫)되는 떳떳한 자아(自我)를 찾아낸 보기 드문 선비였기에 문인(文人)으로서 뿐만 아니라 인간으로서의 그를 후학들은 존경하고 있는 것이다. 다섯 수 정도가 전해지는 전원생활을 읊은 시 귀전원거(歸田園居)에는 힘들어하는 서툰 농부의 모습이 잘 나타나 있다. 처음 해보는 흙일이기에 육신이 흐느적거리도록 피로하다는 표현을 가감 없이 쓸 수 있었다는 것은 그 피로함 속에서 찾을 수 있는 새로운 삶의 가치를 돋보이게하고 있다. 농부로서의 불편한 삶을 기꺼이 견딜 수 있었던 것은 자연을 배우고 자연에 동화되어가는 자신의 스스럼없는 모습을 사랑했기 때문이리라.

단순해지고 작아져가는 자기 모습을 오히려 기특하게 여길 줄 알았던 자연인 도연명이야말로 가난과 불편함까지도 담아낼 수 있는 큼직한 마음그릇을 보여주는 대인(大人)이 아니었던가. 그의 글 앞에서 우리들 정년세대(停年世代)의 나약함은 외려 부끄러워진다.

가양주(家釀酒)를 담는 것은 그 집안 대대로 내리는 전통과 정성을 빚어 넣어 조상을 모시는 제사(祭祀)나 잔치에 쓰기 위함이다. 그러나 술은 아무리 신묘한 비법으로 빚는다 해도 익지 않으면 제 구실을 할 수가 없다. 그렇다. 장엄한 일출이나 중천에 뜬 해는 눈이 부셔 바로 볼 수가 없지만 노을 속에서는 둥글고 큰 해를 또렷하게 볼 수가 있다. 황혼의 값어치를 알고 살아가는 세대만이 가양주(家釀酒)의 농익은 맛을 얘기할 수 있으리라.

창밖에 국화 심어, 국화 밑에 술을 빚어
술 익자, 국화 피자, 벗님 오자, 달 돋아온다
아이야 거문고 청 쳐라 밤새도록 놀리라

# 기다리는 마음

친구의 아들 E군이 전화로 일러준 얘기가 머릿속을 뱅글뱅글 돌고 있다. '아버지께서 원인 모를 병을 얻어 가족도 못 알아 볼 뿐 아니라 대소변도 못 가리는 상태라 일주일 전에 D대학병원에 입원하였다는 것, 코로나 방역관계로 외부인의 면회가 일절 허락되지 않아 연락드리지 못하였다는 것과 이틀 전부터는 겨우 가족들을 알아보게 됐다는 것'이다.

10여 년 전으로 돌아가 본다. 나이 70이 되던 해에 가까운 친구 넷이 강원도로 여행을 다녀 온 적이 있다. 누가 언제 어떻게 될지 모를 일이니 건강할 때 추억여행이라도 다녀오자는 제의에 약속이라도 한 듯 길을 떠났던 것이다. 숙부(叔父)에게 왕위를 찬탈당한 어린 왕 단종의 슬픈 꿈이 서린 영월의 장릉, 물살이 거친 동강을 돌아 정선 아우라지 강변에서 아리랑을 소리 높여 불렀고, 봉평의 이효석 문학관을 거쳐 오대산 월정사 아래서 산채 비빔밥을 맛나게 먹었던 2박 3일의 여행을 마치며 팔순이 되면 다시 한 번 여행을 하자는 약속을 했었다. 그 중 한 명은 3년 전에 이미 떠나버렸고 팔 순 길에 들어서자 또 한 명을 보내야한다는 선고를 받은 것 같아 잠자리가 무겁다.

친구가 누워있는 병실을 찾아갔다. 저승길 갈 때 달고 가는 훈장처럼 여러 개의 수액들을 주렁주렁 달고 잠들어 있는 친구를 그의 아내가 깨운다. 그의 눈빛은 의외로 힘이 있어 뵌다. '이 사람이 누구예요?' 아내가 그의 귀에다 대고 소리를 지른다. 그는 입을 열고 뭐라고 말을 하는데 전혀 알아들을 수가 없다. 그의 아내가 펜과 종이를 주며 써 보라고 한다. 천천히 그러나 분명하게 내 이름을 써내는 그가 너무도 고마웠다. 가까운 친구를 잃어야하는 절망으로 찾아 갔던 길인데 돌아올 땐 한 가닥 희망을 안고 왔다.

그로부터 20여 일이 지난 토요일이다. 병원에 있는 것으로 알고 있는 친구가 내 사무실 문을 열고 들어서는 것을 보게 된다. 물론 양쪽에서 부인과 아들의 부축을 받고는 있었으나 자기발로 걸어 들어오는 친구의 모습은 '충격' 바로 그것이었다. 대소변을 못 가리고, 가족도 몰라보며 말문까지 닫아걸었던 80

대 노인이, 병실에서 죽음을 기다리고 있어야 할 노인이 20여 일 만에 친구를 찾아 먼 길을 왔다는 기적 같은 현실을 두고 내가 할 수 있었던 말은 '고맙다, 고맙다 친구야!' 이 한 마디 뿐이었다.

버스나 지하철을 탈 정도의 체력이 못되는 친구는 매주 토요일이면 김해의 장유 신도시에서 택시를 타고 부산 영도의 내 사무실까지 오고, 돌아갈 때는 나의 운전기사를 시켜 친구의 집까지 바래다주는 꼭 같은 일을 벌써 4개월째 계속하고 있다.

아침저녁으로 30여 분간 천천히 동네를 산책하는 일 말고는 하는 일이 없는 친구, 평소에 그리도 좋아하던 색소폰 부는 일도 숨이 가빠서 엄두를 못내는 친구에겐 일주일에 한 번씩 부산친구를 찾아오는 일이 유일의 낙(樂)이다. 한 평생을 곁에서 살아 온 친구끼리 꼭이 해야 할 얘기도, 하고 싶은 얘기도 따로 없다. 그저 얼굴 한 번 보는 것으로, 곁에 앉아 있는 것으로 필요충분조건을 다 채울 수 있는 손때 묻은 우정이 팔십의 고갯마루를 넘어서고 있는 것이다.

택시비 4만원을 주고 한 시간 걸려서 내게로 오면, 맑은 차 한 잔 앞에 놓고 TV를 켜고 스포츠 경기나 트롯 경연을 보다가 근처의 우동 가게로 간다. 단골 메뉴인 가다랭이 풍미가 나는 5천 원짜리 일본식 우동으로 점심을 때운다. 다시 내 사무실로 돌아와서 내가 내려주는 커피를 맛나게 마시고 돌아가는 것이 두 시간 남짓한 주말행사다.

토요일이면 반복되는 일, 자동차의 뒷자석에 앉아 돌아가는 친구의 뒷모습을 볼 때마다 거문고 소리 같은 길고 짜릿한 울림이 가슴에 남는다. 그 친구 때문에 토요일 낮을 송두리째 잃어버리는 게 부담스러울 때도 있지만 어쩌다가 와야 할 시간에 친구가 나타나지 않으면 나는 시계를 자주 보면서 그를 기다리게 된다. 잠깐이나마 그를 부담스러워 했던 것을 그의 이름 앞에 사죄하면서 그와 나 사이에 서로를 느낄 수 있도록 허락된 시간이 얼마큼일 지를 생각하곤 한다.

# 낮달

학생운동 끝에 형무소 신세를 지고서야 자유의 참뜻을 알았다. 배를 곯아보지 않은 사람이 배고픔의 참뜻을 안다할 수 없고, 배신을 당해보지 않고서 어찌 믿음의 귀한 값을 안다 하겠는가. 희미한 것은 희미한 대로 화려한 것은 화려한 대로 저 나름의 존재이유가 있음을 우리는 평소에 간과하고 있는 것이 아닐까 생각해 본다.

낮에도 달이 뜬다. 하늘 어디엔가 분명히 자리 잡고 있으련마는 누구 하나 쳐다봐 주는 사람이 없다. 고작해서 어느 시인이 낮달을 일러 해님이 쓰다버린 쪽박이라 했고, 꼬부랑 할머니가 물 길러 갈 때 치마 끝에나 달아주겠다는 정도의 관심을 가져주는 것도 고마울 뿐이다. 그런가하면 밤에 뜨는 크고 둥근 달은 만인의 사랑을 받을 뿐 아니라 시인묵객도 즐겨 그를 찬미하기에 침이 마른다. 이백의 시에 달은 단골손님으로 등장하고 소동파는 적벽부에까지 그를 초대하고 있으니 둥근 달, 보름달이 없었더라면 문학은 참으로 외로울 뻔했겠다. 낮달도 며칠만 지나면 보름달이 되는데, 낮달이 없다면 보름달도 없는데 바라보는 사람의 단편적 감정은 참으로 편파적일 때가 많은가보다.

태양은 그 눈부심이 너무도 강렬하여 바로 쳐다보기도 힘겨운 상대이지만 낮달은 말없이 떠가는 희미한 존재라 부담없이 바라볼 수 있다. 광대무변한 하늘의 품속에 버려진 것 같으나 하늘이 푸르면 푸를수록 또렷한 유백색으로 생기를 띄는 걸 보면 존재의 의미만은 망각하지 않은 채, 세인의 관심이 돌아올 때를 기다려 초연(超然)해하는 것인가.

잘난 사람, 별난 사람이 남의 이목을 끌고 있는 걸 보면서, 모두들 잘나고 싶어 하고, 별나고 싶어들 한다. 그러나 잘나고 별난 것 보다는 그렇지 못한 보편적 평범함이 한 시대, 한 사회를 이끌어가는 중심적 이념이요 지배적 가치라는 믿음을 나는 가지고 있다.

시골에 계신 노모의 얼굴을 생각해 보자. 세월의 무게에 짓눌리고 골 깊은 주름살로 뒤틀린 노파의 얼굴은 이미 여인의 그것은 아니라 할지라도 그 속에 스며 있는 세월의 의미를 알기 때문에 우리는 평범한 그 분의 얼굴을 여인보다 아름답고 사랑보다 귀한 가치로 생각하고 있다.

나는 낮달에서 어머니의 얼굴을 본다. 쥐가 뜯어먹던 해바라기 꽃인 듯, 볼품없지만 그 속에 감춰진 둥그런 몸통과 고운 색상은 보름달의 몫으로 돌려주고 스스로는 뒷전에 물러 앉아 바보가 되는 어머니의 얼굴을 본다. 가장 범속한 언어 '어머니'의 의미가 모든 가치를 초월하듯이 평범한 것들의 잊혀진 가치, 그 속에 스며있는 색깔 없는 힘의 논리를 낮달에서 찾아본다.

이백(李白)을 공부하면서 느꼈던 잔잔한 감동은 무정유(無情遊))라는 말이다.

월하독작(月下獨酌)이란 시를 보자. 시인이 달밤에 혼자 술을 마신다. 그의 술잔에 달이 놀러와 있고 달빛을 받아 움직이는 자신의 그림자가 있으니 셋이 술을 마시는 것이다. 취하기 전에는 즐거움을 같이하지만 취한 뒤에는 각기 흩어져 잠들게 되니 세속의 정에 구애받지 않는 무정유(無情遊)로 사귀어 오래도록 함께하고 싶다고 읊조린다. '醉後各分散 永結無情遊'. '무정유(無情遊)'란 이해관계나 특별한 감정에 얽매이지 않고 담담하게 노니는 것을 이름이니 이 한 구절이야말로 그가 이미 탈속(脫俗)하여 선(仙)의 경지에 이르렀음을 절찬(絶讚)하고 싶어진다. 달빛이 고와서라든지 솔바람이 싱그러워서라든지, 이도

저도 아니면 술맛이 좋아서라는 정도의 이유는 있는 가운데 사귐을 갖는 것이거늘 일말의 정(情)도 없는 무소유로서 교유(交遊)코자 하는 시인의 표표(漂漂)한 마음자리가 아스라이 높아만 보인다.

무정유(無情遊)의 마음으로 해를 보자. 무정유(無情遊)의 마음으로 보름달을 보자. 끓는 태양의 열정과 분노도, 만월(滿月)의 탐스런 선과 색도 창공에 유유자적하고 있는 낮달의 고즈넉한 안거(安居)와 무엇이 다르겠는가? 없음에서 있음을 찾아내는, 없는 듯 있는 엄마의 정, 그게 무정유(無情遊)가 아니겠는가.

요즘은 사람들의 표정과 말씨가 칼날 위에 서 있는 긴장감으로 다가오니 사막을 걸어가는 목마름을 느낀다. 길손에게 물을 떠 주면서 바가지에 나뭇잎 하나 띄워주던 여유로움은 영영 전설 속에 묻혀버린 한 줄기 바람일까? 오늘 서울의 회색 하늘에 떠 있는 낮달을 물끄러미 바라본다. 아는 이 없어도, 보는 이 없어도 산 깊은 계곡에 풀꽃 피듯이 비워둔 세월을 무심으로 태우는 어머니의 마음을 거기서 읽어본다.

# 바람 속에 가고 싶다더니

엄마의 무릎에서 내려 문을 열고 밖으로 나와 동네아이들과 만나게 되는 일, 그게 사회생활의 첫걸음이다. 그래선지 초등학교 친구들에게서는 묵은지 냄새가 난다.

시월 초순, 맑은 토요일을 잡아 일산에 사는 옛 친구를 찾아 압구정역에서 전철을 탄다.

서울에 살고 있는 초등학교 친구 약간 명 가운데서 B, J, K 세 사람이 60이 넘어서 공기 좋은 곳을 찾아간다며 일산으로 이사를 했고 그들로부터 꼭 한 번 다녀가라는 청을 여러 차례 받았음에도 응하지 못하였는데 근자에 우울한 소식을 전해 듣게 된 것이다. 연극배우로 시작해서 중후한 연기로 안방극장에도 자주 찾아주던 J가 대장암으로 누웠는데 이미 손을 쓸 수 없을 만큼 병세가 깊어 수술마저도 포기한 채 운명의 날을 기다리고 있다는 거다.

'아뿔싸, 좀 더 일찍 찾아가서 건강한 모습을 봐야 했었는데' 하는 후회가 부랴부랴 나를 일산 쪽으로 떠밀었던 것이다. 서울의 서쪽 교외로 달리는 전철의 창밖을 내다보며 익어가는 이 가을 모습과 칠순의 중턱을 넘어선 우리네 연륜이 비슷한 위치의 나이테 위를 돌아가고 있다는 생각을 해본다.

J의 병상을 찾았을 때, 피골이 상접해 있는 그의 모습은 이미 배우의 그것이 아니라 삶보다는 죽음에 더 가까이 가 있는 생소한 얼굴이다. 나를 알아보겠냐는 질문에는 입을 열지 못하고 석고처럼 굳어가는 눈동자에서 흐르는 눈물이 작별의 인사를 대신한다. 읽어오던 소설의 마지막 페이지를 펼치는 느낌이다.

병원을 나왔다. 함께 문병을 했던 두 친구와 함께 이제 막 은행잎이 가을 단장을 시작하는 식당의 창가에 자리를 잡았다.

"친구야! 전철 타고 한 시간 길을 달려 너희들을 보러오는 일은 내가 살아서 할 수 있는 마지막 나들이 같다는 생각이 왜 드는지 모르겠다"

두 친구는 약간은 의아한 듯 나를 쳐다보다가

"생각해보니 그 말이 맞을 법도 하구만"하며 실소(失笑)를 한다.

이어진 우리들의 대화는 정년퇴직 후의 소일거리와 노후의 건강관리문제 등등의 공통 관심사들로 한 순배를 돌고, 마침내는 죽은 뒤의 장례문제에까지 이어지게 된다.

평생을 대학 강단에서 일하다가 정년퇴임한 B의 지론이 이색적이다. 자기는 철저한 무신론자이기에 죽은 뒤의 세계를 믿지 않는다는 것, 자기의 삶은 자기의 죽음으로서 끝나는 것이지 그 무엇과도, 어느 누구와도 연결될 수 없다는 것, 세상과의 단절은 완전히 잊히는 것을 말함이니 사후에 누구에게 기억되게 한다는 것은 단절이 아니라는 것, 자식들에게 아버지에 대한 그리움이 남아 있다면 그것은 자식들의 몫일뿐이고 자식들로 하여금 무덤에 벌초하게 하고 제사지내게 하는 전래(傳來)의 풍속에 동의할 수 없다는 그 나름의 정연한 논리에 열을 올린다.

화장(火葬)하여 물 속에 바람 속에 흩어짐으로써 세상에 왔다 간 흔적조차 남기고 싶지 않으니 무덤이나 비석 같은 건 생각지도 말라고 유언할 것이란다. 평소에는 물질적 욕심을 털어버리지 못하는 보통사람으로 살아 온 그가 죽음과 마주하는 논리 앞에서만은 모든 것을 다 놓아버린 무소유의 맑음을 쏟는다.

초등학교시절부터 70대 중반에 이르기까지, 한 삶의 부침(浮沈)을 한 시간 남짓한 토론으로 간추려 보았던 숨가쁜 가을 하루였다. 돌아오는 3호선 전철에 앉아 밤이 내리는 동호대교 아래로 멀어져 가는 한강유람선의 불빛을 본다. 그건 명멸하고 있는 내 작은 꿈의 조각들인 것 같았다.

그로부터 6년이 지나 B는 폐암을 앓다가 떠났다. 그가 떠난 뒤 유족들은 그의 유지를 따라 묘도 비석도 없이 물 속에 바람 속에 그를 보냈는지를 알지 못한다. 좀 더 솔직히 표현하자면 B의 끝맺음이 어떠했는지를 알고 싶지가 않다. 행여 그가 원했던 그 무소유의 공허로 돌아가고 싶어 했던 작은 기원이 가족의 뜻에 의하여 변질되거나 훼손 됐을까가 두렵기 때문이다.

# 솔(松)과 함께 걷는다

1.

내가 어릴 때는 원목(原木)을 들여다가 판자나 각목(角木) 등의 건축자재를 만드는 제재소를 나무공장이라 불렀다. 이웃하고 있는 나무공장의 원목하치장은 초등학교 운동장만큼이나 넓었고 길 건너 부두에는 강원도나 경북에서 소나무 원목들을 싣고 오는 화물선들이 심심찮게 드나들었다. 1950년대 유년기의 나는 나무공장의 마당에서 소나무 원목 더미를 타고넘으며 놀았기에 나의 몸과 옷은 늘 송진 때에 절어 있었다.

원목을 가득 실은 화물선이 부두에 닿는 날이면 동리는 온종일 시끌벅적했다. 원목의 둘레를 로프로 느슨하게 묶어 매듭을 만들고 느슨한 매듭 사이에 굵고 긴 막대를 끼우고는 좌우에서

두 사람이 물지게를 지듯 막대기를 어깨로 메고 일어나 다른 곳으로 옮기는 일을 목도라고 하고, 작은 나무는 네 사람이 메는 4목도, 큰 나무는 여덟 사람이 메는 8목도로 원목을 옮겼다. '어어-차' '엉-차' 하는 소리를 내면서 그 리듬을 따라 걸음을 옮겨야 일이 쉬워진다고 했다. 그 소리를 일러 노동요(勞動謠)라고 한다는 걸 어른이 돼서야 알았다.

배에서 육지로 올라온 원목들이 하치장에 높이 쌓이면 동리 아줌마들이 원목더미 위에 올라앉아 끝이 날카로운 쇠막대기나 부엌칼로 소나무 껍질을 벗겨 바구니에 담는다. 누가 더 크고 두꺼운 껍질을 많이 긁어 담느냐하는 경쟁이 벌어진다. 껍질은 땔감으로 쓰고, 두꺼운 껍질 안쪽에 붙은 얄팍한 속껍질은 송기라 불렀고 송기를 밀가루와 섞어 떡을 만들어 먹기도 한댔다.

덩치 큰 원목이 대차(大車)에 실려 레일 위를 미끄러지듯 달려가서 쾌속으로 돌고 있는 띠 톱날을 지나가면 하얗게 나뒹구는 소나무의 속살을 보게 된다. 혹은 널빤지로, 혹은 각목으로 변하는 뽀오얀 모양새를 지켜보는 재미가 얼마나 쏠쏠했던가? 겉으로 볼 때는 멀쩡한 통나무도 속을 타 보면 색깔이 푸르죽죽한 것도 있고 때로는 벌레 먹어 구멍이 숭숭 뚫어진 것도 있었다. 모양새야 어찌됐건 속살이 뿜어내는 상큼한 솔 냄새가 좋아서 숨을 크게 들이쉬곤 했다. 옹이가 없고 폭이 넓은 널빤지는 사람이 죽어 저승 갈 때 쓰는 관(棺)의 재료로 비싸게 팔린다는 것도 알게 됐다.

이렇듯 소나무는 나에게 놀이동무의 역할을 했을 뿐 아니라 이웃 간에 벌어지는 삶의 경쟁도 보여 주었고, 죽어서 저승 갈 때 죽은자를 담아가는 궤짝이 된다는 것도 가르쳐 주었다.

초등학교에 들어가고, 사육신(死六臣)을 배우면서, 이전에는 몰랐던 소나무의 이념적 가치를 새로이 알게 됐다. 세조의 왕위 찬탈에 반대하여 죽음을 택한 충신의 절개가 '봉래산 제일봉에 낙락장송(落落長松)'으로 표현되는 것을 보고는 내 친구 소나무를 자랑스러워했던 기억도 생생하다.

## 2.

동삼동의 승마연습장에서 비탈을 따라 오른쪽 솔숲 길로 들어서면 태종대의 감지 해변에 이르는 3km 남짓한 등산로가 열린다. 산과 바다를 동시에 만나는 명승(名勝)이라 생각하고 이른 새벽에 이 길을 찾아들기 10여 년에 이르니 고집쟁인 줄만 알았던 저들 소나무의 내면세계에 겸양과 타협의 미덕이 가득 차 있음을 알게 됐다.

소나무는 가지나 잎이 다른 나무와 부딪히는 것을 싫어한다. 나무들은 자라나면서 서로 부딪히거나 겹쳐지면서 공간을 공유하게 되는데, 소나무는 남과 공유하기를 싫어해서 겹쳐지는 가지와 잎은 스스로 말라버리고 다른 나무들과의 경쟁이 없는 넓은 공간을 향해 새로운 가지를 뻗어가는 특성이 있다. 한쪽으로만 지엽(枝葉)이 무성하게 벌어져 좌우의 균형을 완전히 잃어버린 소나무의 우람한 모습을 종종 발견하게 되는 것도 다른 나무와 닿기를 싫어하는 개성 때문이다. 사방에서 다른 나무들이 가지를 뻗어오는 경우에 소나무는 경쟁자가 없는 하늘로 뻗어 올라가는 키다리가 되기도 한다. 소나무의 양보와 고집은 경쟁을 피하여 스스로의 길을 찾아가는 현자(賢者)의 타협이라 할 것이다.

살아가면서 내 친구 소나무는 또 어떤 마음의 창을 내게 열어줄까? 오늘도 새벽 솔밭 길을 오르며 땀에 흠씬 젖는 피로 속의 평화를 몇 번이고 되새김질 한다.

언젠가 내 떠날 때, 오랜 친구인 소나무 상자 속에서 잠들게 될 것이고, 솔 냄새를 그토록 좋아했던 갯가 소년의 하얀 꿈과 우정은 약속처럼 푸르게 산을 지키는 바람이 되리라.

# 업어치기 한 판

예나 지금이나 학생들에게 가장 부담스런 게 무어냐고 묻는다면 예외 없이 시험이라고 대답할 것이다. 평소에 학업성적을 매기는 시험도 그러하려니와 상급학교에의 입학시험일 경우 그 부담감은 절정에 이른다. 그토록 싫고 그토록 부담스러운 시험이라는 존재가 어느 날 갑자기 깨소금처럼 고소하고 기분 좋은 상태로 반전(反轉)하던 쾌재를 혼자 삭여버리기는 아까운 일이기에 여기 읽는 이와 함께하고자 한다.

당뇨병에다 만성간염까지 앓으시던 아버지께서 병원에 입원하시는 빈도가 잦아지시는 것을 지켜보면서 장남인 나로서 유학을 고집할 수가 없었기에 부산으로 낙향할 것을 결심하니 1963년 겨울이었다. 그렇다고 아버지께서 금시 돌아가실 만큼

위독한 병세가 아니셨기에 아버지를 도와드리는 한편으로 공부를 계속해 볼 양으로 찾아간 곳이 부산의 S대학이었다.

수산경영학과 주임교수를 찾아뵙고 서울에서 경영학을 공부했다는 것과 대학원에서 수산경영학을 공부하고 싶으니 도와달라는 청을 드렸다. 다른 대학 출신으로서 S대학 대학원에 입학한 전례가 없었다면서 주임교수께서는 서가에서<水産經營>이란 책 한 권을 뽑아서 내게 건네주셨다.

영어와 제2외국어 시험은 알아서 하고 전공과목은 이 책을 읽고 응시해보라는 것이다.

집으로 돌아오는 버스 안에서 무심결에 교수께서 주신 책을 펼쳐보는 순간 당혹스러워 입이 다물어지지가 않았다. 그 책은 일본어로 된 것이었다. 나이 다섯 살에 8.15 광복을 맞은 나로서는 일본어를 알 턱이 없었고 어쩌다 심심풀이로 「일본어 첫걸음」이란 책을 펼쳐 본 적이 있어 간단한 회화 몇 마디 정도를 익혀두고 있는 형편에 일본어로 된 전공서적을 어떻게 읽고 대학원 입학시험을 치르란 말인가. 눈앞이 캄캄할 뿐이었다.

지금 생각해보면 그때의 나는 왜 그리도 어리석었던 지를 이해할 수가 없다. S대학의 학부 학생들까지 일본어책으로 공부했을 리가 없었을 터인 즉 수산경영학과 학생을 찾아서 그들이 학교에서 공부했던 교재나 노트를 빌려 보았더라면 큰 어려움 없이 시험을 치를 수 있었을 터인데 그런 융통성도 없이 꼬박 두 달 동안 어머니를 개인가정교사로 모시고 일본어책 <水產

經營>에 매달려 끙끙거렸던 일을 생각하면 나의 바보스러움에 지금도 울화가 치민다.

시험 날이 왔다. 오전에 치렀던 전공과목과 영어시험 문제지를 어떻게 메웠는지는 별로 기억나는 게 없고 점심 후에 제 2 외국어 시험을 치루는 자리에서 희한한 일이 벌어지게 된다.

시험관이 건네주는 문제지를 받아 든 나는 어리둥절하였다.

"저는 프랑스어를 선택하였는데 이건 독일어 문제지가 아닙니까?"

시험관은 물론이고 스무 명 남짓한 다른 수험생들의 시선이 내게로 모였다.

"'프랑스어를 선택 했다고요?"

"네, 입시원서에 분명히 프랑스어 선택이라고 기재하였습니다."

"잠깐만 기다려 주세요. 교무과에 가서 확인해 보겠습니다."

한참 뒤에 돌아온 시험관은 계면쩍어하면서 변명을 늘어놓는다. S대학에서는 제2외국어로 독일어만을 가르쳤을 뿐이기에 대학원 입학시험에서 독일어가 아닌 다른 선택이 있으리라고는 생각조차 못했다는 것과 지금 프랑스어 문제를 출제 중에 있으니 조금 기다려 달라는 것이다.

수험생들은 다 돌아가고 나 혼자서 지루하게 교실을 지키기 3시간이 지나서야 헐레벌떡거리며 들어 온 시험관이 내 앞에 내려놓는 시험 문제지를 보는 순간 나는 또 한 번 놀라지 않을 수 없었다.

대학원 입학시험에 출제되는 프랑스어 문제의 난이도(難易度)는 어느 수준인지를 알고 싶어서 그 전날 부산대학교 대학원에서 출제된 프랑스어 문제지를 얻어다가 밤늦게까지 공부하면서 S대학의 문제가 좀 더 쉽게 출제되기를 고대했었는데, 눈앞에 놓인 문제지는 어제 밤에 내가 보았던 바로 그 문제지가 아닌가.

시험지 위쪽에다 수험번호와 이름을 써놓고 나서 이 기막힌 사실 앞에 잠시 눈을 감았다. 입시원서를 제대로 확인조차 하지 않은 대학 당국의 안일한 자세가 만들어 낸 뜻밖의 사고에 안절부절 하면서 S대학 내부에는 출제할 교수가 없어 허겁지겁 부산대학교에까지 달려가서 어제의 시험 문제지를 얻어 와서는 지금 막 출제한 것인 양 펼쳐놓는 S대학의 치부를 내가 꿰뚫어 보고 있다는 게 참으로 고소했다. '남의 비밀을 내가 알고 있다는 것은 참으로 기분 좋은 재산'이라고 했던 한국문학의 이단자 이상(李箱)의 글귀가 생각나서 회심의 미소를 지었다.

일이 이쯤 되었으니 학교당국의 기를 꺾어보고 싶은 충동이 일었다.

일사천리로 시험지를 메워 내려가서 주어진 90분 중 30분 만에 끝냈다.

옆으로 다가선 시험관이 넌지시 말을 걸어왔다.

"넉넉히 시간을 드릴 테니 천천히 하세요"

"이정도 수준의 문제라면 깊이 생각할 필요가 없습니다."

보라는 듯이 아주 거만한 태도로 답안지를 내고 시험장을 나왔다.

세 시간이 넘게 걸려 어렵사리 구해 온 문제지를 30분에 깔끔히 처리해낸 위장된 나의 능력 앞에 평소 당당하던 대학의 위세가 그날따라 참으로 외소해 보였다. 시험장을 나오면서 나는 휘파람을 불었다. 그리고 속으로 이렇게 일갈하였다.

'실수를 하면 응분의 대가를 치르는 것이라오.'

나의 스물다섯 살의 봄은 그렇게 기존의 권위와 제도를 깔아뭉개는 희화(戱畵) 한 토막과 더불어 찾아왔었다. 나이로 미루어보아 일본어를 알 턱이 없는 학생에게 아무 말 없이 일본어판 전공서적을 내어 주시며 읽고 와서 시험을 보라시던 주임교수의 심술(?)을 업어치기 한 판으로 매다 꽂은 쾌재(快哉)를 느꼈다.

그러나 한 세월 흘러서 보니 그 전공서적을 읽기 위해 두 달 동안 밤을 새우다시피 열심히 일본어공부를 한 덕에 나는 외국어 하나를 서툴게나마 친숙하게 됐으니, 그 당시엔 원망스러웠던 그 교수님께서 외려 내게 참된 업어치기의 묘리(妙理)를 가르쳐주신 게 아닌가하여 감사를 드리고 싶어진다.

# 황혼이야기

<황혼이야기>라는 제목이 붙은 사진 아홉 장이 카톡으로 왔다. 붉은 물감으로 비행기의 항적(航跡)을 힘차게 그어 놓은 듯, 개성이 넘쳐나는 검붉은 노을이 펼쳐진다. 정년퇴직 후에도 평소에 취미로 즐기던 서도(書道)와 사진 찍기에 영일(寧日)이 없는 L교수의 집념과 건강이 부럽다. 철 따라 움직이는 자연현상의 신묘(神妙)한 변화는 물론이고, 하고많은 민속행사, 종교행사의 진수(眞髓)를 쫓아 열심히 카메라의 셔터를 눌러댄 결실을 나는 가만히 앉아서 볼 수 있으니 친구 잘 둔 황혼녘의 득(得)이라 해두자.

그런데 오늘은 또 다른 황혼의 정(情)이 나를 따스하게 감싸주고 있으니 고마운 일이다. 필리핀에 가 있는 친구 H가 오영수(吳永壽) 문학전집 여섯 권을 내게 전해주는 뜻밖의 일이 있

었다. 오영수의 단편 소설집이야말로 6.25 전쟁 때 부산중학교를 다닌 사람에겐 황혼 빛 고운 물색이 배어나는 책이 아닐 수 없으니까.

6.25 전쟁이 한창이던 1952년에 부산중학교에 입학을 했다. 국어 교과서에 <윤이와 소>라는 글이 실렸고, 글쓴이가 오영수로 되어 있었는데 그 오영수가 바로 우리들의 국어선생님이었고 보니 남다른 존경심으로 선생님을 대할 수밖에 없었다. 한 세월 흘러 선생님이 담임했던 반의 H군이 모교인 부산중학교의 교장으로 부임하게 되니 아득히 흘러간 세월 저편에 그 옛날 흠모했던 오영수 선생님의 검정색 뿔테안경과 골 깊게 주름 패인 얼굴이 떠올랐었다는 H교장의 회고(回顧)다.

H교장은 자신의 기억에 남아있는 오영수 선생님의 일화(逸話) 한 토막을 이렇게 술회(述懷)한다.

학생을 한 명씩 불러 세워놓고 아버지의 직업을 물었는데 누군가의 차례가 되자 '우리 아버지는 미군(美軍)부대에서 일을 합니다'라는 대답이다. 선생님은 손뼉을 탁 치시더니 '그것 참 잘 됐네, 너거들 알다시피 나는 담배를 참말로 좋아한다. 골초란 말이다. 내가 미국 담배를 한번 먹어봤는데 그 맛이 기가 막히더라. 너거 아부지한테 애기만 잘하면 선생님도 양담배 한 갑쯤은 얻어 피울 수 있겠다 그지, 내가 니한테 국어 성적은 특별히 잘 챙겨줄게'. 선생도 웃고 학생도 웃고, 교실은 잠깐 웃음

바다가 되었단다.

H교장은 부산중학교와 부산고등학교 교장을 거쳐 정년(停年)퇴직 후에 큰아들이 살고 있는 필리핀으로 간다. 거기서 한국어 학당을 열고 한국인 2세들과 한국에 취업하고자 하는 필리핀 노동자들에게 한국어를 가르치면서 일 년에 한 번 쯤 한국을 다녀가곤 한다. 어느 날 한국어학당에 배달되어온 한국신문의 문화면에 오영수문학관(吳永壽文學官)이 울산 어디에 개설됐다는 기사를 읽게 되고 다음 번 한국에 갈 땐 꼭 찾아보리라고 다짐을 한다.

코로나 역병(疫病)으로 온 세계가 몸살을 앓은 통에 2년 만에 한국에 오게 된 H교장은 울산시 언양읍에 소재한 오영수문학관을 찾아간다. 문학관 책임자를 만나고 멀리서 찾아 온 자신을 소개하면서 개구쟁이였던 중학생이 모교 교장이 되어 돌아왔을 때 멀리 강 너머에 피어오르는 노을처럼 오영수 선생님이 그리웠었다는 얘기를 담박하게 풀어 놓는다. 등신대(等身大)로 만들어져 의자에 앉아계시는 스승의 동상(銅像) 곁에 잠깐 앉았다가 돌아 나오는 H교장의 손에는 선물로 받은 오영수 문학전집 여섯 권이 쥐어져 있었다.

부산으로 오는 버스 안에서 H교장은 생각에 잠긴다. 은사(恩

師) 오영수는 초년에는 교사(敎師)로, 중년과 만년에는 단편소설가로서, 애오라지 문학에 삶을 걸어 온 분이셨기에 괄목할 족적을 문단과 제자들에게 남겨두고 가셨다. 오늘 선물로 받은 오영수 소설집은 H교장 자신이 가지는 것 보다는 스승의 길을 따라 문학의 길을 걷고 있는 제자에게 전해지는 것이 스승의 문학정신을 밝혀주는 것일지도 모른다는 생각이 들었기에 나에게 책을 전하기 위해서 일부러 찾아왔다는 것이다.

팔십대 중반에 들어선 두 늙은이가 옛 은사의 작품집을 주고받는 한 폭의 그림은 해거름에 서산을 넘어가는 기러기들의 황혼 얘기라 해 두자.

8.15 광복으로 일제(日帝)의 굴레를 벗어난 기쁨을 만끽하기도 전에 6.25 전쟁을 치러야했기에 먹고사는 일 말고는 아무것도 생각할 겨를이 없었던 황폐한 풍토에서 문학전문지<현대문학>이 창간된다. 기성(旣成) 문인들은 발표의 장(場)을 갖게 되고 문학 지망생들은 등단의 문(門)을 얻게 된 쾌거(快擧)였다. 그리하여 <현대문학>은 우리사회가 안정화되기 시작한 1980년대까지 외롭게 한국문학의 맥(脈)을 지탱해 온 기둥이였음을 부인하는 사람은 없을 것이다. 그러나 이 문학지(文學誌)는 작가 오영수(吳永壽)와 평론가 조연현(趙演鉉)이 손을 잡아 싹을 틔웠고 평생을 두고 키워 온 땀의 결실임을 아는 사람은 많지 않을 것이니 이 또한 우리 문학사(文學史)의 그늘진 모퉁이에서 서서히 잊혀갈 황혼 이야기의 하나가 아닐까 생각해 본다.

# 4. 세상돋보기

# 3시 10분 전

루퍼트 브루크(Rupert Brooke 1887-1915)의 장편시 '그란체스트 마을의 낡은 목사관(The Old Vicarage, Grandchester)'은 흔하게 읽혀지는 시(詩)는 아니다. 시인이 영문학사에 큰 자리를 차지할 만큼 비중 있지도 않고, 시 자체가 너무 길기 때문에 회자(膾炙) 될 만큼의 인기도 없어 우리말로 번역조차 되지 않은 채 대학 도서관의 서가(書架)에 묻혀 있는 작품들 중의 하나일 뿐이다. 그러나 이 시(詩)가 일러주는 '3시 10분 전에 멈춰 선 교회당 탑시계'의 영상은 삶의 가치관에 대한 새로운 명제를 독자의 뇌리에 심어주는 문제작으로 전해진다.

1961년 Y대학교 영문과에서 <번역문학상>제도를 마련하고 제 1회 작품모집을 하게 된다. 한국어로 번역되지 않은 영·미문학의 단편소설이나 시를 출제하여 학생들로 하여금 번역케 하고 우수한 작품에 대하여 시상을 한다는 것이다. 그때 출제된 시 중의 하나가 바로 루퍼트 브루크의 「그란체스트 마을의 낡은 목사관」이다.

130여 행(行)에 이르는 이 장편시를 번역하기 위하여 여름방학 내내 끙끙거리며 땀을 흘렸던 기억은 어제 같은데 내 나이 벌써 80대에 이르러 이 시의 의미를 되새겨 보고 있으니 세월의 속도감에 아연할 뿐이다.

시인 브루크에게 있어 고향마을 그란체스트는 지상에서 가장 아름다운 곳이다. 철따라 갖가지 꽃들이 피고, 숲속의 상큼한 바람과, 소리 내어 흐르는 개울과, 해마다 풍년을 차려주는 옥토가 있다는 것 만으로야 어찌 지상의 낙원이라 하겠는가. 가장 큰 자랑거리는 늙은이를 찾아볼 수 없는, 영원한 젊음이 넘쳐흐르는 마을이란 것이다. 사람은 세월 따라 늙어 가는데 어찌 늙은이가 없을까마는 그란체스트 사람들은 자기가 늙었다고 생각하는 순간에 서슴지 않고 자살해버리는 오랜 전통을 지녔기에 늙었다고 생각하는 사람은 존재하지 않는다는 것이다. 마을 사람들은 나이와 관계없이 자기가 마을을 돕는 일보다 마을로부터 도움을 받는 일이 더 많아질 때를 늙었다고 판단하는 전통, 남을 도와줄 수 있는 흑자인생은 살아도 남에게서 도움받는 적자인생은 살지 않는다는 고집이 곧 그란체스트의 숭고한 문화요 자랑이라는 것이다.

우리네 전통적 시각으로 볼 때는 너무도 생경한 일이지만 남에게 도움을 주면서 산다는 자존의식을 지키기 위하여 목숨을 거는 사람들이 사는 마을이기에 시인은 감히 이곳을 천국이라 생각하고 있다는 것이다.

이 시의 맨 마지막 부분은 이렇게 표현 된다. '지금도 교회당 탑시계는 3시 10분 전에 멈춰서 있을까?'

하필이면 왜 3시 10분전 일까? 아름다운 마을 그란체스트의 정신적 지주인 교회당의 탑시계가 3시 10분 전에서 고장난 채 멈춰 있다는 사실을 이 장편시의 끝맺음으로 인용한 시인의 뜻은 무엇일까?

오랜 허우적거림 끝에 나는 '3시 10분 전'에 들어있는 시인의 마음을 찾아낼 수 있었다.

먼동이 터 오는 새벽 6시부터 해가 지고 어둠이 내리는 저녁 6시까지의 12시간을 인간이 활동할 수 있는 한평생이라 생각해 보자. 그 12시간 속에 유년기, 청년기, 장년기, 노년기가 다 들어 있을 것이니 오후 3시부터는 시들기 시작하는 노년기에 해당되는 것이고, 노년기가 시작되기에는 아직도 10분을 남겨 둔 채 시계는 멈춰 버리고 말았으니 그란체스트에는 노년기가 오지 않는다는 상징적 의미가 거기 있는 것이다. 3시 10분 전의 열기 속에는 아직도 일이 있고, 사랑이 있고, 꿈이 있는 것이다.

시간이 비켜가는 사람은 없다. 탄력을 잃어가는 피부와 골이 깊어지는 주름살의 물리적 외형에도 불구하고 3시 10분 전의 정신에 목숨을 걸고 살아가는 그란체스트 사람들의 강인한 의지는 감히 누구도 범접하지 못하는 신앙 같은 것이었다.

젊음은 아름답다. 젊게 살고 싶어하는 마음은 더욱 아름답다. 그러나 나는 내 고향 사람들이 그란체스트 사람들처럼 젊게 살려는 명분을 앞세워 병약해졌을 때 자살하는 전통을 가지기를 원치 않는다.

늙고 병든 노인이 있는 우리네 마을, 그 노인의 병수발을 위하여 홀로된 며느리가 시부모와 함께 늙어가는 마을이기에 눈만 껌벅이면 눈물이 거침없이 흐르는 아낙의 서러운 얘기가 대추처럼 열린 우리들의 고향은 그란체스트 같은 이상향은 아닐지라도 사람냄새가 물씬 나는 친근감으로 다가온다. 때 묻은 연민의 정이 가난처럼 도사려 있는 우리네 고향의 너무나도 인간적인 정서야말로 그란체스트의 그것에 못지않은 아름다움이 아닐까 생각해 본다.

이름 없이 살아온 병든 촌부의 임종이라 할지라도 타고난 수명의 마지막 순간까지를 다 소진하고 가는 삶에 대한 애착, 그것은 한국적인 정서가 아니라 자연의 섭리를 거슬리지 않는 생명에의 경외(敬畏)라 생각하고 싶다.

가장 한국적인 것이 가장 세계적인 것이라는 주장에 나는 흔쾌히 동의하지 않는다. 그러나 가장 인간적인 것이 가장 세계적인 것이라는 데는 이의를 달지 않는다. 그렇기에 우리네 고향마을이 기계화 산업화의 물결을 타고 변모해 가는 과정에서 꼭 있어야할 인간적인 물기마저 말라버리지 않을까 염려될 뿐이다.

늙지 않는 마을, 목숨을 담보로 젊음을 지켜가는 그란체스트의 전통은 지금도 지켜지고 있을까? 지금도 교회당 탑시계는 3시 10분 전에 멈춰 서 있을까? 한번 가보고 싶어진다.

# 그 여름밤의 침묵

부산 영도(影島)의 남항동 붉은 등대에서 제2송도를 잇는 쌍둥이 방파제가 생겨났다. 내가 어릴 때 이 자리는 넓고 긴 자갈 해변이었다.

먼 바다에서 오는 강풍을 정면으로 맞아야하는 곳이라 태풍에 묻어오는 파도나 해일을 바다 쪽 방파제가 우선 막아내고 그 방파제를 넘어버리는 큰 파도는 30여 미터의 거리를 두고 두 번째 방파제가 막을 수 있도록 설계된 것이다. 그렇다 보니 두 방파제의 사이에 폭 30여 미터 길이 200여 미터의 거대한 시멘트 공지(空地)가 생겨나서 젊은이들의 스포츠 공간으로 이용되고 있다.

이 방파제 옆길을 지나칠 때면 나는 가끔씩 환청을 듣곤 한다. 파도에 자갈 구르는 소리다. 나의 20대의 여름을 일러주는 채색 없는 밑그림 한 폭이 해맑은 파노라마로 펼쳐지곤 한다. 그 누나는 지금 어떻게 늙어가고 있을까?

1957-8년경은 LP 음반이 처음으로 선을 보이던 시절이라 SP 음반으로서는 흉내 낼 수 없었던 질 좋은 팝송이나 클래식 곡을 유료(有料)로 들려주는 음악 감상실이 생겨나서 젊은이들의 관심을 모았었다. 나보다 두 살 위인 외사촌 누나를 음악 감상실에서 만났는데 함께 있던 친구 한 분을 소개시켜 주었다. 그 시절엔 절친한 사람끼리 의남매, 의형제를 맺어 더욱 가깝게 교유(交遊)하는 게 유행이던 때라 누나는 자기 친구와 나를 결의(結義)남매가 되라고 권했다.

그리하여 결의(結義)누나가 된 그 분과 극장에 간 적이 있는지, 어딘가 교외로 놀러 간 적이 있는지, 만날 땐 주로 어떤 얘기를 나누었는지는 전혀 생각나지 않는다. 단지 그 누나의 글씨체가 독특한 개성이 있었던 것으로 기억되는 걸 보면 심심치 않게 편지를 주고받았던 것으로 짐작된다. 남남으로 만난 젊음이었기에 자칫 둘의 관계가 연심(戀心)으로 변질될 수도 있었으련만 행인지 불행인지 그 무렵의 나는 학교에서 이따금씩 만나게 되는 어느 여학생의 얼굴을 늘 가슴에 지니고 있었기에 누나는 한 치도 어긋남 없는 누나일 뿐이었다.

겨울 방학이 오기를 기다렸다가. 평소에 읽고 싶었던 책 몇 권을 싸 들고 부산에 있는 승학산 백룡사로 들어갔다. 문풍지를 흔드는 바람소리 밖에 없는 무료한 며칠이 지난 어느 날 오전에 뜻 밖에도 의(義)누나가 찾아왔다. 반가웠다. 절집을 나와 5분쯤 올라가면 집채만 한 바위가 있는데 볕살이 잘 드는 남쪽이 오목하게 패어져있어 찬바람을 막아주는 좋은 데이트 장소가 될 수 있었다. 누나와 함께 노래를 불렀다. 알고 있는 가곡은 죄다 불렀다. 그리고는 절집 밥 한 그릇을 나눠 먹는 후 누나는 돌아갔다.

사흘쯤 지났을까. 편지 한 통이 배달되어 왔다. 사흘 전에 다녀간 누나가 왜 편지를 보내왔을까? 손에 잡히는 편지의 두께가 예사롭지 않음이 께름칙했다. 예감은 적중했다. 편지는 누나가 아닌 한 여인이 사내에게 보내는 절절한 연서였다. 지난 일 년간 누나와 동생으로 만났던 시간들이 내게는 적지 않은 즐거움이었는데 그 관계를 깨뜨리고 있는 누나의 변심이 당황스러웠다. 얄미움과 서운함과 미안함이 범벅이 된 묘한 심정이었다.

나에겐 뜻밖의 사고였다. 누나의 감정을 수용할 수 없으니 남매의 관계가 끊어질 것은 말할 것도 없고 발가벗은 마음을 보여버린 한 여대생의 상처 입을 자존심을 생각하니 누나가 안쓰러웠다. 서둘러 산을 내려와 막내 숙모(叔母)를 찾아 갔다.

숙모는 가까운 친척 여인네들 중에서 대학을 나온 유일한 분이요, 삼촌과도 연애결혼을 한 분이기에 당면한 고민거리에 상담역이 될 수 있다고 생각했기 때문이다. 그간의 자초지종을 말씀드린 후 누나의 자존심에 상처를 최소화 할 수 있는 방도를 찾아달라는 부탁을 전하고 다시 산으로 올라갔다. 그게 끝이었다. 그 이후 아무런 연락도 없었고 나도 누나를 겨울바람 속에 잃고 살았다.

그 겨울이 가고 봄도 가고, 조근조근 비가 내리는 어느 여름 밤이었다. 대문 밖에 날 찾아 온 사람이 있다는 아주머니의 전갈이라 우산도 쓰지 않고 대문 쪽으로 달려가 보았다. 보안등 아래 우산을 쓴 채 뒤로 돌아서 있는 여인이었다. 순간적으로 누나라는 직감이 왔다.

"잠깐만 기다리세요, 우산 갖고 나올게요."

황급히 방으로 돌아와 옷가지를 챙겨 입고 우산을 들고 밖으로 나오니 대문 앞의 여인은 보이지 않고 저만치 빗속으로 천천히 걸어가는 사람이 있었다. 쫓아가 얼굴을 확인하니 누나였다. 우산이 맞닿는 거리를 두고 걸었다. 수산진흥원의 긴 담을 오른편으로 끼고 한 마디 말도 없이 천천히 발길 가는 대로 남항동의 붉은 등대까지 걸었다. 파도가 조용히 울고 있는 등대 남쪽의 자갈밭에 나란히 앉았다. 파도자락이 종아리와 허벅지를 지나 엉덩이까지 올라오는데도 그대로 앉아 있었다. 누구도 입을 열지 않았고, 비가 내리는 밤바다가 숱한 감정의 언어들을 대신해 주었다.

자정이면 통행금지가 되던 시절이라 둘은 일어나 걸었다. 여전히 침묵하는 발걸음이 영도다리를 넘어서자 통행금지를 예고하는 11시 30분의 고동소리가 났다.

"여기서 돌아갈 게요"

한 시간 만에 처음으로 뱉은 나의 한 마디였고, 아무런 대꾸도 없이 빗속으로 사라져가던 누나의 뒷모습을 물끄러미 바라보고 있었다. 피를 나누지 않은 여인과의 첫 사귐이었던 누나와 동생의 관계는 스무 살의 어느 여름밤 빗속에서 그렇게 끝이 났다.

사람을 대하는 감정의 색깔이나 농도가 언제나 한결같을 수는 없는 것이라, 누나의 심리적 변화를 이해할 수 있을 것 같았고, 그녀의 뜻을 수용할 수 없는 나의 처지도 이해해 주리라 믿었다. 한마디로 설명할 수 없는 번민과 체념의 강물이 흐를 시간이 필요했던 것이고, 얼마큼 시간이 흐른 어느 여름 밤, 비를 맞으며 걸었던 한 시간여의 침묵은 설명하기 힘들었던 지난 시간들을 정리해 주었던 일로 기억된다.

언어로 표현되는 설명은 완벽할 수 없다. 정확하지 못한 언어보다는 침묵이 이심전심(以心傳心)으로 현상을 옳게 전할 수도 있다는 것을 깨우쳤던 그 밤의 잠자리는 평안하였다. 그 누나의 삶이 행복하기를 바라는 간절한 마음을 안고--

그 누나는 지금 어떻게 늙어가고 있을까?

# 금수저 타령

많은 젊은이들은 신문이나 방송이 아니라 휴대폰이 전해 주는 갖가지 메시지에 눈을 열고 살아들 간다. 숨겨진 사회의 이면을 읽으며 흥미로워 할 때도 있고 터무니없는 거짓 정보를 접하고서 불쾌해 할 경우도 더러는 있다.

별 생각 없이 '카톡'을 열었다. 누군가가 보내온 <성공한 인생>이란 제목의 글에 제1은 돈 많은 부모를 둔 10대, 제2는 명문대학에 입학한 20대, 제3은 대기업에 취직한 30대.... 거기까지만 읽고서 나는 시선을 멈추고 말았다. 무언가가 뇌리를 스쳐갔기 때문이다.

로버트 콜스가 쓴 <미국인의 가치체계(1997년)>라는 글을 떠올린다. 미국의 전통적인 명문가에서 태어난 10대들은 자신들의 출생을 '탄생의 사고(事故)'라고 생각 한다는 대목에서 적이 놀랐던 기억이 있다. 꿈이 가슴을 채우고 넘치는 청소년들이건마는 가문의 미래를 위해서 하기 싫은 일을 강요당할 때도 있고, 하고 싶은 일을 못할 때도 있으니 명문가의 젊은이들 중에는 강요당하며 살아가는 자신들의 삶을 일러 '탄생의 사고'라는 말로 불평을 토로하는 경우가 적지 않다는 것이다. 금수저를 물고 태어나는 것을 달갑지 않게 생각하는 젊은이가 있는 나라이기에 미국이 지구상에서 가장 힘 있는 자리를 유지하고 있음이 결코 우연이 아님을 알게 해 준다.

미국의 석유재벌 록펠러는 120년 전에 시카고대학을 설립하고 명문대학의 반열에 올려놓기까지 4억 달러 이상을 썼다고 전해진다. 록펠러 2세는 아버지가 벌어놓는 돈으로 한 평생 사회봉사만 하는 삶을 살았다고 하니 자기의 삶을 소신에 따라 살지 못하고 가문의 규범을 따라 살았던 록펠러 2세도 자신의 삶을 <탄생의 사고>라 생각했던 것일까.

10여 년 전에 우리나라에서도 대학의 기여입학제(寄與入學制)가 필요하다는 주장이 여론의 도마에 올랐던 적이 있었다. 이 제도의 장단점을 검토해보기도 전에 '돈으로 자식을 좋은 대학에 넣는다는 것은 말도 안 된다'는 절대 부정의 역풍을 맞고 말았다. 제도와 규범 앞에 만인이 공평한 나라, 개인의 능력이 다른 가치에 우선한다는 미국 사회에서 돈을 주고 명문대학의 학벌을 취득하는 기여입학제(寄與入學制)가 너무도 자연스럽게 용인되는 것을 어떻게 설명할 수 있을까? 세계를 움직이는 인재들을 양산(量産)해 내는 미국의 명문대학들은 돈의 위력에 문호를 개방하면서도 화려하게 학문적 자존심을 콧대만큼이나 높게 유지해 가고 있으니 이를 어찌 설명할 수 있을까?

미국의 젊은이들은 돈을 많이 내고 명문대학에 입학하는 것을 성공한 것으로 생각지 않는다. 거액을 학교에 기증함으로 해서 다른 학생들의 수업과 연구에 도움이 되도록 하는 것은 가진 자의 의무요, 그 의무에 충실하는 것을 사회는 당연한 것으로 평가하기도 한다.

1620년, 메이플라워호를 타고 대서양의 험난한 파도를 넘어 신대륙에 둥지를 틀었던 100여 명의 영국 청교도의 꿈은 150여 년을 흘러오면서 신대륙을 찾아온 다른 종족들과 함께 미합중국의 독립을 선언하게 되니 1776년이었다. 꿈을 심을 수 있는 땅, 금광이 있고 석유가 있는 땅을 찾아 서부로 향했던 개척시대의 삶을 그린 서부영화에서 한 자루의 총에 목숨을 걸고 살던 개척의지를 우리는 얼마나 흥미롭게 지켜보았던가. 그들은 제2차 세계대전의 승전국이 됐고, 6.25 전쟁 때는 누란의 위기에 처한 대한민국을 구해준 백마의 기사가 되기도 했다. 나라를 세운지 170여 년 만에 지구촌 제일의 국가로 군림할 수 있게된 자들의 저력은 무엇이란 말인가.

꿈을 가진 사람은 현재보다 미래에 산다. 현재에 불만하고 있는 젊음은 더 크고 더 밝은 미래를 잉태한다. 국민소득 55,000$의 미국 젊은이들이 명문가에서 금수저를 물고 태어나는 것을 사고(事故)라고 생각할 때, 국민소득 30,000$의 한국 젊은이들은 그것을 성공한 것으로 만족한다면 우리의 모습은 얼마나 초라한 그림이라 할 것인가.

<탄생의 사고>라는 말로서 표현된 명문가 자손들의 불평과 분노가 묘한 무게로 느껴진다. 화려한 학벌과 명예는 사회에 되돌려 주어야 하는 책임의 굴레라는 것을 알기에 그들은 그 굴레 속에서 오늘이 아닌, 내일이란 이름의 무서운 힘과 꿈으로 다시 태어나고 있는 것이다.

하나 뿐인 우리의 아드님은 왕자요, 하나 뿐인 우리의 따님은 공주임에 틀림이 없다. 귀한 왕자님, 귀한 공주님이기에 그들에게 더 밝은 미래를 보장해 줄 굴레를 무엇이라 불러야 정답이 될까?

'탄생의 사고(事故)' 일까? '금수저' 일까?

# 달과 아파트

지난해 여름 나는 노모(老母)를 모시고 처음으로 아파트라는 곳으로 이사를 왔다. 집단 주거문화에 익숙하지 않은 어머니께서 현실에 적응해 가는 처음 몇 달 동안의 어려움을 지켜보면서 내가 집을 지니고 살아가는 것이 아니라 아파트라고 하는 거대한 구조물의 부속품이 되어 살리어지고 있는 것 같았다. 어두워지면 벽에 못 하나만 쳐도 시끄럽다고 야단이 난다. 손자가 놀러 와도 아랫집에 대한 배려 때문에 뛰지도 못하게 한다. 공동생활 속에서 남에게 피해를 주는 일은 용납되지 않는다는 엄숙한 명분에 스스로를 묶어놓고 남의 눈길을 의식하며 살아야하는 아파트의 삶, 그것은 어머니에게 있어 곡마단의 줄타기 같은 것이었다. 잘하면 그만이고 잘못하면 야유가 터져 나오는 광대놀이인지라 발자국 하나에도 온 신경을 다 쏟아야

하는 긴장의 연속이었다. 도시의 밤하늘을 한번쯤 쳐다 볼 여유도 없는 광대들이 아파트라는 공간에 모여 힘겹게 오늘을 살아가고 있는 모습이었다.

신록이 눈부신 봄 동산의 소나무 가지에 걸린 달, 뜨거운 한낮의 열기가 채 식지 않은 여름저녁에 수평선을 솟구쳐 오르는 달, 가을 익는 산사의 용마루에 걸터앉은 달, 동구 밖의 개 짖는 소리를 벗 삼아 긴 겨울밤을 혼자 가는 달, 어느 것 하나도 떼어낼 수 없는 고향의 정이거늘 아파트 속에서 피고 지는 현대인의 삶은 이들 고향의 정을 외면해야 하는가.

내심으로 자연과의 친화를 목말라하면서도 꾸역꾸역 밀폐된 시멘트 상자 속으로 몰려드는 이 현상을 어떻게 설명해야 할 것인가. 나도 어느 틈에 그 속에 한 다리를 끼워놓고 있으니 말이다.

수도꼭지를 틀면 더운물이 나오고 스위치만 누르면 방이 저절로 데워지는 아파트, 고층까지 걸어 올라가지 않아도 엘리베이터가 실어다 주고 문밖에 수위가 집을 지켜주는 이곳이야말로 더 없이 편리한 곳이다. 그러나 10년을 살아도 옆집 주인의 직업이 무엇이고 아래윗집의 식구가 몇인지를 모르는 아파트의 삶에 이웃은 없다. 어려움을 걱정해줄 이웃이 없고, 기쁨을 나눌 이웃이 없는 주거 환경이라면 이곳의 삶은 생활이 아니라 생존일 뿐이다. 살아가기에 편리할지는 모르나 결코 살고 싶은 곳은 아니라는 것이 나의 아파트 생활 몇 달간의 결산이라 해 둘까.

아파트로 이사 온 지 달포쯤이 지난 어느 저녁 무렵이었다. 차를 내려 고개를 드는데 눈앞에 큼직한 보름달이 환하게 웃고 있는 것이 아닌가.

'아파트에도 달이 있구나!'

뜻밖의 만남을 반기는 마음의 소리였다. 근자에 짓는 아파트들은 그 층고가 어찌나 높든지 멀리 있는 산은 말할 것도 없고 가까이의 하늘마저 가려버리는지라 임자 없이 떠가는 구름조차 구경하기 힘들어졌지 않은가. 그렇기에 이사를 오면서 아예 포기해 버린 달과의 만남이 뜻밖에 이루어졌으니 어찌 기쁘지 않으랴.

심호흡 한번하고는 달의 얼굴을 천천히 뜯어보았다. 약간은 홍조(紅潮)를 띈 잘 생기고 큼직한 얼굴이었다. 할아버지의 관용과 할머니의 따스함을 뽀얗게 쏟으면서 불모지 아파트를 사람 사는 마을로 바꿔 놓는 달의 경이로운 힘을 본 것이다.

아파트가 달을 가려버린 것이 아니었다. 아파트에 사는 사람들이 마음의 창을 닫아버렸기에 달이 들어갈 자리가 없었던 것이다. 눈을 떠 보니 거기 달은 있었다. 가슴을 열고 보니 거기 달빛은 고왔다. 시절과 사람과 장소를 가리지 않고 달은 항심

(恒心)으로 늘 그 자리에 있건만 사람의 마음이 하늘 한 번 쳐다볼 여유도 없이 살아가는 것이 아닌가.

소동파(蘇東坡)가 적벽부(赤壁賦)에서 달과 바람을 가리켜 아무리 가져도 말리는 자 없고 아무리 써도 없어지지 않는다(取之無禁 用之不竭)고 일러 준 것이 천 년 전의 일인데 영악한 현대인이 어쩌자고 이 공짜의 특혜를 놓쳐 버렸단 말인가.

작은 편의를 갖기 위해 크고 귀한 것을 외면하고 있는 현대인의 마음의 창, 그 밀폐된 아파트의 창에 이제는 찾아오는 참새 한 마리 없다. 팽개쳐버린 우정을 탓하지 않고 찾아와 주는 달의 고마움을 웃음으로 받아들이는 이 저녁, 모래밭 같은 삶을 걸어가고 있는 나 자신의 이지러진 자화상을 다시 한 번 생각하게 된다.

# 실낙원(失樂園) 가는 길

<1>

<실낙원(失樂園)>은 17세기 영국의 문호 존밀턴의 대표작으로 지옥의 왕인 사탄이 군사를 단련시켜 하느님께 도전하는 의지와 고난과 갈등을 그린 장편 서사시다.

1960년 봄 학기의 Y대학교 영문과 교실, S교수의 <실낙원> 강의가 시작되는 첫 시간이다. 정년퇴임을 눈앞에 둔 노 교수의 깡마른 체구에서 어찌 그리도 힘 있는 안광(眼光)이 솟던지, 날카로운 시선으로 학생들을 훑어보시고는 '천년을 덤덤하게 살아가는 느티나무보다는 열흘을 화려하게 피다지는 장미꽃이 되라'고 일갈(一喝)하신다.

출석부를 펼치시더니

“김×× 읽어봐요”

김 아무개는 떠듬거리며 읽어간다.

“거기까지 해석해 봐요”

김 아무개는 묵묵부답이다.

“이×× 해석해 봐요”

이 아무개도 입을 열지 못한다. 교수의 수업 진행 방법을 몰랐기에 책을 한번 읽어보지도 않고 왔기 때문이리라.

밀턴의 17세기 영어는 현대 영어와는 다른 데가 조금씩 있어 쉽지만은 않았기에 첫 시간부터 교실 분위기는 꽁꽁 얼어붙는다.

수강생들 중에 절반가량이 여학생이었고 <5월의 여왕>선발에서 1, 2등을 한 미색(美色)이 모두 그 중에 있었기에 첫 시간에 구겨진 자존심을 만회하려는 남학생들의 몸부림이 어찌 없었겠는가. 그러나 밀턴의 영어는 쉽사리 학생들의 손에 잡혀지지 않고 S교수의 질책은 계속되었다. 그러자니 <실낙원>의 강의 시간에는 너, 나 할 것 없이 교수와 눈이 마주치지 않으려고 고개를 드는 자가 없었다. 자유분방해야할 대학생들의 활기가 사라져버린 교실, 그 곳이 바로 즐거움을 잃은 땅, 실낙원(失樂園)의 축소판이었다.

### <2>

그 무렵 나는 종로 5가에서 동대문에 이르는 거리에 즐비한

고서(古書)가게를 자주 기웃거렸고, 어쩌다 마음에 드는 책이라도 발견하면 그것을 손에 넣는 것을 행복해 했었는데 어느 날 우연히 일본어판 <실낙원>을 발견하게 된다. 매섭게 쏘아보는 S교수의 얼굴을 떠올리며 그 책을 뽑아본다. 일본 연호 大正 元年에 발간된 세계문학전집 중의 한 권이다. 당시 우리나라 출판업계 동정으로는 동아출판사와 을유문화사에서 경쟁적으로 세계문학전집을 발간하고 있긴 했으나 밀턴의 <실낙원>에 까지는 손이 미치지 않았던 모양이다. 大正 元年을 서기로 환산하면 1912년이니 이미 48년 전에 일본이 이룩해 놓은 <실낙원>의 번역 사업을 한국에서는 아직 숙제로 밀쳐두고 있다는 게 부끄러웠고 멀리 앞서가는 일본의 뒷모습이 몹시 커 보였다.

그 책을 사들고 하숙집으로 돌아오는 길에 화장품 가게에 들러 나의 처지로서는 거금을 지불하고 화장품 하나를 사게 되니 그것은 하숙집 아주머니에게 바치고자 하는 나의 계산된 뇌물이었다.

하숙집 안방의 동정을 살피다가 적당한 때를 봐서 안방 문을 노크하고 들어간다. 예고 없이 방으로 들어서는 하숙생을 의아한 표정으로 바라보는 주인 내외 앞에 낡은 책 한 권과 포장된 화장품 꾸러미를 내려놓는다. 그리고는 17세기 영어를 공부하는데 한글로 된 참고서가 없어 어려움을 겪고 있다는 것과 부득이 일본어판 번역서를 구했으니 틈나는 대로 조금씩만 번역

해주시면 공부에 큰 도움이 되겠다는 부탁을 드린다.

나로서는 아주머니가 결코 거절하지는 않을 것이라는 확신은 갖고 있었다. 왜냐하면 일제(日帝)시대 여학교를 졸업한 자신의 학력을 평소에 은근히 자랑해 왔을 뿐만 아니라 이따금씩 일본어 책으로 독서하시는 걸 나는 보았기 때문이다. 평소에 아주머니에게 점수를 많이 따놓은 나 나름의 공적(?)이 있는지라 처음에는 완강히 거절하셨지만 마침내는 '잘 될지 모르지만 한 번 해 봅시다'로 결론이 났다. 하숙 밥을 지어주는 육체노동자가 아니라 대학생의 학문적 동반자가 되는 밝은 표정이 아주머니에게서 엿보이기도 했다.

그 날 이후, 친구들이 하나같이 싫어하는 <실낙원> 수업시간을 나는 오히려 기다렸다. 모두들 자기 이름이 불려 질까 두려워서 움츠리고 있을 때 나 혼자만은 교수를 똑바로 쳐다보았고 어쩌다 내 이름이 불리고 교수로부터 칭찬을 받았을 때는 내 목에 잔뜩 힘이 들어가 있었으리라 싶다. 작은 영웅이 되어 행복해 했던 학창시절의 풋고추 같은 추억들을 돌이켜보면 절로 웃음이 난다.

### <3>

일본의 식민지가 되어 살아왔던 지난 세월의 부정적 감정에도 불구하고 17세기 영문학의 높은 봉우리 <실낙원>의 정상에 일본 국기를 꽂아놓고 앞서 가는 그들의 뒤를 따라갔던 그 시절을 생각하면 지금쯤 그들과 우리의 거리가 얼마나 좁혀졌을까가 궁금해진다.

역사의 흐름 속에서 어느 한 개인이나 국가의 흥망성쇠는 결코 고정된 값은 아닐 게다. 스스로의 후진성을 깨닫는 순간 그 후진성은 곧 선진할 수 있는 에너지가 될 것이니까. 참고서 없는 17세기 영어를 강의하시며 질책과 독려에 열을 쏟았던 노교수의 고집이 아니었더라면 학생들은 번역본 없는 우리의 현실을 안타까워하지도 않았을 것이고 일본에게 48년이나 뒤져 있었던 우리 번역문학의 현주소를 확인하지도 못했을 것이다.

우리들의 뇌리에 유전(流轉)하고 있는 갈등과 모순이 곧 실낙원일 것이니 사탄의 의지와 용기를 배워서라도 실낙원을 벗어나려 몸부림치는 것이 우리가 지닐 자세라고 강조하시던 교수의 얼굴이 눈에 선하다. 천년을 사는 느티나무처럼 안일(安逸)에 정거하지 말고 열흘을 피고 지는 장미의 열정으로 자신을 불태우라고 하시던 해맑은 음성이 오늘따라 뜨겁게 나를 단근질 하고 있다.

# 여수뱃머리

옛 부산시청 뒤편 부두를 여수뱃머리라 불렀다. 공식 명칭이 아니라 사람들 사이에서 그렇게들 불리고 있었다. 남해안고속도로가 생겨나기 전에는 부산지역에서 남해안을 따라 서쪽으로 이어지는 모든 교통은 여객선을 주축으로 하는 해상운송이 대종을 이루었다. 비포장 국도를 따라가는 육로 교통은 시간적으로나 비용 면에서 해상의 그것과는 비교할 수 없는 열세였기 때문이었다.

부산에서 거제, 통영, 삼천포, 남해 등을 경유하여 여수로 가는 항로에는 <경복호> <갑성호> 같은 200톤급의 여객선들이 한꺼번에 수백 명씩의 여객과 화물을 실어 날랐었다.

소년시절에 바라보던 여객선의 모습은 바다를 향해 뻗어나던 나의 꿈이었다. 조그만 어선들을 보아 오던 어린 눈에 큼직한 여객선이 파도를 가르면서 항내로 진입하는 모습은 위용이라 부르기에 충분하였고 장중하게 내뿜는 뿌-우-웅 하는 고동소리 그것은 내게 희망의 메아리로 전해져 왔었다. 배에서 대형 확성기로 들려주던 '나가사키엔 오늘도 비가 내린다' '항구마을 13번지' 같은 일본 유행가와 '페르샤 왕자' '홍콩 아가씨' 같은 우리 노래들은 멋모르고 따라 불렀던 선망의 멜로디였다.

어촌에서 초등학교나 중학교만을 마치고 부산으로 유학 오는 학생들도 적지 않았으니 여객선들은 개학(開學)이 되면 도시로 가는 향학의 꿈을, 방학이 되면 고향으로 돌아가는 그리움을 실어 날랐다. 그러나 뱃길이라는 게 낭만으로 표현하기에는 어려움이 많았다. 영호남의 사투리들이 뒤엉켜 출렁이는 너울 위에 널브러지기도 하고, 파도가 한결 거칠어지면 토하는 사람, 나뒹구는 사람들에게 체면치레는 끈 떨어진 갓과 같은 것이 된다. 한 바탕의 해양훈련을 치루고 나서야 풀 죽은 사람들의 눈에 들어오는 항구의 모습은 하늘이 내리는 반가움이 된다. 얼굴을 매만지는 사람, 머리를 빗는 사람, 옷매무시를 고치는 사람, 가방을 정리하는 사람, 모두는 벗었던 껍질을 다시 걸치고 눈앞에 펼쳐지는 삶의 다른 페이지를 향해 달려가게 된다.

여객선 부두라는 곳은 천천히 닿고 천천히 떠나는 배의 움직임 따라 만나는 기쁨도, 헤어지는 서운함도 감질나게 애틋한 곳이다. 파랑주의보라도 내려 출항이 금지되면 배를 타지 못하고 발길을 돌려야하는 원망스런 삶의 무대이기도 했다. 그렇던 '여수뱃머리'는 남해안고속도로가 생기고 각종 육상교통이 원활해지면서부터 소리도 없이 아날로그시대의 애환을 안고 남해의 바다 속으로 사라져 갔다.

여수뱃머리에서 국밥 한 그릇 사먹고 여객선에 몸을 실으면 고된 바닷길에 육신은 파김치가 되더라도 다가오는 고향의 그림자에 마음은 맑았었는데, 자가용으로 달려가는 이즈음의 고향 길은 고속도로에서 한 시간만 정체가 되어도 정신적 피로가 지난날의 뱃길보다 더하다는 남해 출신 친구의 얘기가 가슴에 남는다.

영호남의 지역 갈등이 요즘처럼 날카로웠더라면 그 이름 <여수뱃머리>는 생겨나지도 않았을 것이건만 그 시절엔 지방 언론도 시민단체도 괘념치 않고 부산의 심장이던 옛 시청사(市廳舍)와 인접한 부두를 <여수 뱃머리>라고 불러주었던 따스함이 사람 냄새를 느끼게 한다. 아날로그 시대가 불렀던 <여수 뱃머리>가 사라져버린 그 자리를 디지털시대는 <연안여객부두>라 부르고 있으니 작금(昨今)의 흐름 속에 어김없이 날카로운 이기심(利己心)이 도사리고 있음을 보는 것 같다.

# 청담공원

## 1.

영동대교의 강남 쪽 로터리에서 남서쪽으로 100여 미터쯤 떨어져 조그마한 동산이 있다. 나지막한 야산으로 넓이는 2만 평 남짓해 보이는 이곳을 청담공원이라 한다.

1980년대 초반까지만 하여도 동산의 정상에서 북쪽으로 한강을 굽어볼 수 있었던 툭 트인 경관이었으나 시류(時流)를 따라 고층 빌딩들이 시야를 막아버려 지금은 답답해졌다. 자동차로 간선 도로를 달리다보면 동산의 모습은 보이질 않아, 동리 사람들 말고는 공원의 존재여부를 아는 사람이 없는 게 이 곳의 숨겨진 매력인 지도 모르겠다.

애견(愛犬)과 함께 새벽 삽상함을 즐기는 사람도 보이고, 나처럼 속보(速步)로 땀을 훔치는 사람도 더러는 만나게 된다. 녹음(錄音)된 구령에 맞춰 체조하는 할머니들 동아리는 운동보다 뒤풀이로 늘어놓는 수다 떨기에 더 재미를 느끼는 듯하고, 배드민턴 동호인들의 기합소리와 셔틀 콕이 공기를 가르는 경쾌한 속도감에서 청담공원의 아침이 열린다.

은사시나무, 떡갈나무, 미루나무, 아카시아나무가 올망졸망 군락하고, 더러는 소나무, 산 벚나무, 오리나무, 상수리나무도 산재하는데 이들 수목들의 어떤 조화 때문인지는 몰라도 공원의 경계 안으로 몇 발자국 들어서기만 하면 순식간에 가슴을 채우고 넘치는 강열한 숲 냄새가 사뭇 위압적이다. 심산유곡의 울창한 삼림 냄새가 과연 이러할까 싶을 정도의 진한 숲 냄새로 심호흡을 하면서 자연이 베푸는 은혜로움에 마냥 흐뭇해 할 뿐이다.

1995년으로 기억 된다. 청담공원 안에 있는 3000평가량의 모(某) 신문사 소유지를 무교동에서 대형 주점(酒店)을 경영하는 모씨가 매입하여 골프연습장을 짓는다는 소문이 바람처럼 동리에 퍼졌다. 그러나 그 소문이 현실화 되리라고 믿는 사람은 아무도 없었다. 청담동은 강남에서도 이름 난 주택지인데 쾌적한 주거환경 속에 시끄러운 골프연습장이 들어서는 것을 좌시하지도 않을 것이고, 공원의 녹지를 훼손하는 개인의 영업행위를 허가해 줄 관청도 없을 것이라는 게 공통된 여론이었다.

그렇던 어느 날 공원 안으로 중장비가 들어오더니 흙을 파내고 나무를 베는 작업이 시작되는 것이다. 뜻밖의 기습을 당한 동리사람들은 대책회의를 열고 골프장 건설 반대운동에 들어갔다. 한편으로는 구청을 찾아가 골프장 건설의 합법성 여부를 확인하고 다른 편으론 청와대, 국회, 지방의회는 물론이고 환경단체 등을 찾아 가서 진정서를 내는 등 적극적인 반대운동을 펼쳤다.

국회의원도 여러 명 다녀가고 환경단체의 책임자들도 다녀갔다. 신문, 방송사에서도 현장을 둘러보고 사진도 찍어가며 재고(再考)되어야 할 행정처분이라고들 했다. 그러나 어찌된 영문인지 한 번 다녀간 사람은 모두 함흥차사가 되어버렸고 그들의 장담(壯談)에는 메아리조차 없었으니 동리 아줌마들은 실력행사에 들어가기로 했다. 공사장을 포위하여 트럭의 출입을 막는 한편 중기(重機) 앞에까지 나아가서 진을 쳤으니 공사는 일단 중지될 수밖에 없었다.

그러나 이삼 일 후에 공사가 다시 시작됐고, 아줌마부대도 다시 소집되어 현장에 투입 되었으나 상황이 전과는 다르게 전개되어 갔다. 소방차가 나타나더니 아줌마부대를 향해 물대포를 쏘는 것이 아니던가. 뜻밖의 역습에 아줌마부대는 놀라서 허둥거리다가 넘어지기도 하면서 뿔뿔이 흩어져 갔다. 엄마 등에 업혀 잠들었던 아기도 물대포를 맞고 울음을 터뜨렸다. 도심 속 공원을 확보하기 위하여 민간인 소유의 공원용지는 국가가 매입해야하는 것이 순리(順理)이거늘 공원용지로 지정되어 있는 어느 신문사의 토지를 개인이 매수하여 골프연습장을 짓겠다는 것도, 그렇게 하도록 허가를 해준 행정도 상식으로 납득할 수 없는 일이라는 게 정론이었다. 말썽의 현장에 많이들 다녀가신 국회의원들, 언론인들, 환경단체의 책임자라고 자신을 소개하시던 분들은 어디에 꼬리를 감추었을까? 토지소유자의 골프장 공사를 방해한다고 하여 소방차가 동네 사람들에게 물대포를 쏘는 일은 어느 나라의 풍속도인지? 어느 것 하나 상식으로 이해할 수 없는 사실을 두고 이상한 소문이 바람결에 날아들었다. 대통령의 아드님 되시는 막강한 힘을 가진 분이 건축주의 뒤를 봐주고 있어 아무도 대항할 수 없다는 것이다. 그 풍문을 믿는 사람도 있었고 믿지 않는 사람도 있었다.

주민의 환경권과 개인의 재산권이 한 치의 양보도 없이 맞붙었던 전쟁은 마침내 끝이 났다. 승자는 덩그러니 골프연습장을 지어 50여 타석에서 쉴 새 없이 쏟아져 나오는 소음 하나하나는 돈이 되어 승자의 전리품으로 돌아가고 있다. 골프 동호인들이 타고 온 자동차들로 하여 좁은 뒷길은 아침저녁 정체(停滯)로 몸살을 앓아야 하고, 진종일 '딱' '딱'하는 소리 때문에 산새들마저 자취를 감춰버린 삭막함이 패전자의 몫으로 남았다.

군사독재시대의 얘기가 아니다. 민권이 대접받던 시대, 각종 시민단체의 목소리가 높던 1990년대 초반, 등잔 밑이 어두운 우리사회의 숨겨진 실상 한 토막이다. 이상과 모순이 합궁을 한 채 위선의 가면을 쓰고 있는 우리들의 비뚤어진 자화상이기에 한번쯤은 아파하면서 부끄러운 어제와 오늘을 자성해 볼 일이라 할 것 같다.

## 2.

나는 청담공원의 봄을 좋아한다.

언덕배기에 군락(群落)하는 아카시아 고목들이 바람에 꽃비를 흘리는 사월은 겨울 눈송이가 흉내 낼 수 없는 영역이다. 현란한 몸짓은 아니어도 소담한 정이 다소곳이 흐르는 향을 맞고 걸으면 살아있는 봄의 숨결에서 나는 소년 같은 설렘을 얻는다.

근자에 공원 안에 폭 1미터 가량의 개울이 생겨났다. 지하수를 뽑아 연못을 만들고 그 연못물이 넘쳐 굽이돌아 흐를 수 있도록 실개천을 만들었다. 연못가에는 갖가지 수초도 심고 자연석도 어울리게 깔았으니, 이 예쁜 새 식구 하나를 들이려고 강남구청에서 거금을 쏟았다고 한다. 아침 6시부터 펌프를 가동시키면 살아있는 물소리가 공원 입구에서부터 가슴을 뛰게 한다. 이전의 청담공원에서 찾을 수 없었던 젖과 꿀이 흐르는 동산이 되어 있다. 그러나 두 시간이 지나 펌프의 작동이 끊기고 나면 금세 말라버리는 개울의 초췌함이야, 이전에는 느낄 수 없었던 인간사의 빛과 그림자를 여기서도 보는 것 같다.

공원 한가운데 조선조(朝鮮朝)의 큰 벼슬을 살았다는 어느 문중의 묘비가 덩그러니 좌정하고 있는가 하면 바로 그 옆에서 땀을 뻘뻘 쏟으며 운동에 열중하는 젊은이가 있으니 죽음의 시간과 삶의 시간이 한 덩어리가 되어 세월의 강물위에 부침(浮沈)하고 있는 정취(情趣)를 보여 준다.

강남의 금싸라기 땅 2만여 평을 녹지공원으로 만들어 친환경적 미래를 설정한 가치관과 개인의 재산권이란 명분으로 돈벌이의 길을 터 준 세속적인 가치관이 공존하고 있는 곳, 청담공원 골프장에 손녀(孫女)가 골프를 배우러간다. 이 골프 연습장을 착공하던 그 옛날 엄마 등에 업혀 잠든 채로 물대포를 맞고 쫓겨 가던 그 꼬마 아가씨, 내 손녀의 뇌리에 지난날의 기억은 남아 있을까?

# 풀꽃의 눈으로

창조주로부터 받은 팔구십 년을 쓰면서 사는 것이 인간의 한살이이다. 잠 자고, 밥 먹고 공부하고 훈련하는 시간을 제외하고, 느끼고 생각하면서 사는 시간은 얼마나 될까? 그 중에서도 괴로워하고 슬퍼하고 무료해하는 시간을 제하고 즐거워하고 행복해하는 순간들을 모아보면 얼마나 될까?

어떤 이는 좋아하는 음악을 들으면서, 또 어떤 이는 맛난 음식을 먹으면서 행복을 느낀다했다. 사람 사는 일이 다 거기서 거기라 하지만 저마다의 판단기준이 달라서 늘 보고 듣고 느끼는 색깔이나 향기라도 사람에 따라 값을 달리 할 것이니 자기가 좋아하고 그 속에서 행복할 수 있는 것이라면 그것을 소중하게 지켜야 할 것이다.

행복은 평범하고 보잘 것 없는 일상 속에 스며있어 깜박 잊어버리고 살기가 십상이다. 스스로 만들 수 있는 행복이라면 만들어야 할 것이고, 찾아 가서 만날 수 있는 것이라면 찾아가야 할 것이고, 잊어버리고 있는 것이라면 깨우쳐 반추하고 음미하면서 사는 것이 지혜로운 삶일 것이다. 일본 북해도의 삿뽀로에서 먹었던 라면 맛을 잊을 수 없어 도쿄에서 삿뽀로 행 비행기를 탔다는 어느 소설가의 알뜰한 자기충실이 생각난다.

80년을 흘려버린 나의 일상 속에서 행복해했던 순간들을 돌이켜본다. 별로 생각나는 게 없다. 어떻게 사랑했던가? 얼마나 고마워했고 얼마나 즐거워했던가? 결코 불행했던 삶은 아니었던 것 같은데 왜 이렇게도 머릿속이 텅 비어져 있는 걸까?

어느 시인은 모란이 지는 것은 봄을 잃는 슬픔이라 했고, 장미꽃을 선물함으로서 사랑을 전한다했다. 후미진 바위 그늘에는 보아주는 이 없이도, 알아주는 이 없이도 풀꽃이 핀다. 지나가는 한 자락 햇살도, 바람도, 흙 한 줌마저도 축복 아닌 게 없는 풀꽃에게는 살아있다는 게 곧 행복일 성 싶다.

풀꽃의 비운 마음속을 미루어 보면서 나도 모르게 욕심 한 무더기 내려놓고 눈을 감아 본다. 비워진 나의 망막에 좋아했던 어제들이, 감사했던 순간들이 꽃처럼 피어난다.

대빗자루가 쓸고 지나 간 흙 마당에 그려진 빗살무늬,

노을 지는 산마루에 줄 잇는 기러기 떼,
5월이 시작되는 새벽 다섯 시의 은회색 어둠,
소나기 지나간 뒤 숲길의 솔 바람내,
노송의 가지 사이로 쏟아지는 달빛,
첫눈 내린 새벽길을 남 먼저 찍고 간 발자국,

윤기 흐르는 쌀밥 위에 올려놓는 잘 익은 김장김치,
태평양을 건너오는 손녀의 안부전화,
육필(肉筆)로 써 보내 온 친구의 편지,
여인의 손길에서 살풋 흐르는 갓 씻은 비누 내,
조용한 미소로 표하는 완곡한 거절(拒絕),
무료한 오후를 흐르는 사라사테의 울음 '지고이네르바이젠',
피천득의 수필이 전하는 개여울 같은 문장,
고호의 해바라기가 뿜어내는 못 말리는 열정,
이 여인으로 하여 만년의 삶에 빛이 더해졌다며 결혼을 발표하는 80세의 넬슨 만델라 대통령, 그 구김 없는 진솔,
이익 앞에서는 옳은 일인지를 생각하고 위험 앞에서는 죽음을 각오한다던 30세의 사형수 안중근, 그 손바닥지문

마음을 잠깐 머무르게 했던 순간들, 몸을 감싸는 작은 평화에 나를 맡겼던 순간들, 지나가는 바람이 아니라 어제도 흘러갔었고 지금도 흐르고 있는 오늘 이 순간이 바로 행복의 알맹

이라고 풀꽃은 말하고 있다.

행복은 사랑하고 감사하는 마음이다. 별을 노래하는 마음으로 죽어가는 것을 사랑하겠다던 윤동주시인의 혼불 온도가 너무도 따스하다.

# 후배 없는 설움

2001년 초봄이었다. 부산에 있는 B중.고등학교 동창회 사무실에 일본에서 온 편지 한 통이 전해졌다.

B중.고등학교는 일제강점기(日帝强占期)에 조선 땅에 나와 살던 일본인 2세들의 교육을 위하여 일본 정부가 부산 초량동에 세웠던 초량제일중학교에서 비롯된다. 부산지역에 거주하던 일본인들이 선택할 수 있었던 유일의 학교였음은 물론이고 현해탄 건너 일본의 규수(九州)지방 학생들도 멀리 동경으로 유학을 가는 것보다 연락선을 타면 짧은 시간에 도착할 수 있는 거리상의 편의점과 동경보다는 물가며 하숙비가 훨씬 싸다는 경제적 이점도 있어 이 학교를 선호하였기에 일본 명문학교 중의 하나였다고 전해진다.

8. 15 해방 후에 일본으로 돌아 갈 수밖에 없었던 초량제일

중학교의 재학생이나 졸업생들은 모교를 잃어버렸다는 허전함 때문에 자기네들끼리 동창회를 만들고 남다른 애착으로 결속했었단다. 그들 중 누구라도 한국을 방문하게 될 경우, 지난 날의 발자취를 더듬는 추억의 모교방문 또한 정해진 여정(旅程) 중의 하나였다고 한다.

뿌리를 소중히 여기기에 유별난 일본 사람들인지라, 그들이 일본에서 만든 동창회와 부산에 있는 한국 동창회간에 공식적인 유대를 갖도록 하자는 제의가 여러 차례 있었지만 한일(韓日)간의 묘한 감정적 괴리(乖離) 때문에 성과가 없었는데 이번에 또 한 차례 일본 동창회로부터 편지를 받게 된 것이다.

편지의 내용인 즉, 다음 달에 열리게 될 일본 동창회가 정식으로 모교 동창회장의 참석을 청한다는 초대의 글이었다. 그러나 편지 속에는 단순한 초대의 의미를 넘어, 한 번 읽고 덮어버릴 수 없는 간절한 내용이 있었다.

현재 일본 각지에 산재해 있는 동창생 수는 200여 명으로 추산되나 모두가 팔.구십 대의 고령이라 동창회에 참석하기 위한 장거리 여행이 힘들기 때문에 총동창회를 6개 권역으로 나누어 가까이 살고 있는 회원들끼리 모이는 소규모 동창회를 갖기로 합의했다는 것이다. 따라서 금년으로 막(幕)을 내리게 될 일본 동창회총회에 부산 모교의 동창회장께서 참석해 주신다면 자기네들의 뿌리가 한국 땅에 살아있다는 믿음을 갖게 될 것인

즉 이 간절한 소망을 거절하지 말아달라는 것이다. 일본에 살고 있는 동창생들 모두는 명문교 출신의 자부심으로 활력 있는 젊음을 살았지만 가슴 속에 남모르게 지녀온 응어리의 아픔을 한국 동창생들이 어찌 알겠느냐는 대목이 도드라져 보였다. 일본 국내 매스컴에서 인기 있는 젊은이들의 활략상이 소개되고, 그 주인공이 어느 중.고등학교 출신이라는 얘기가 사람들의 입에 오를 때, 모교를 잃은 우리들은 고아(孤兒) 같은 외로움을 앓아왔다는 것이다. '후배 없는 선배의 설움이 어떤 것인지를 당신들은 모를 것입니다'라는 한 마디가 비수처럼 가슴에 꽂히는 것 같았다.

일본인들이 두고 간 교사(校舍)를 물려받은 B중.고등학교는 많은 인재를 배출한 명문교가 됐고, 학교를 두고 떠나야 했던 그 옛날의 일본 학생은 지금 팔.구십 대를 살아가며 같은 교실에서 공부한 한국인 후배들과 선후배의 인연을 맺고 싶다는 간절한 목소리가 현해탄을 건너온 것이다. 인생의 겨울 길을 걷고 있는 노인들이 정치놀음을 하자는 것이 아니다. 패전국 국민으로 살면서 평생을 후배 없는 선배로 살아야 했던 노신사의 고독을 어찌 외면할 수 있겠는가. 모교 동창회는 일본의 초청을 받아들이기로 결심을 하게 된다.

전국고교야구선수권대회에서 우승한 모교 야구선수들의 사인을 받은 야구공 100여개를 갖고 일본의 마지막 동창회에 참석하게 되었고, 선물로 받은 야구공을 들고 노인들이 흘렸던 눈물은 긴 세월동안 앙금으로 남아 있던 '후배 없는 서러움'을 씻어주는 카타르시스가 될 수 있었을까?

그로부터 20년이 흘렀다. 마지막 일본 동창회에 참석했던 노인들 모두는 이미 먼 길을 떠나셨으리라. 그때 그분들의 나이 위에 지금 내가 서게 되니, 한국인 후배가 불러줬던 '선배'라는 말 한 마디가 떠나시는 노객(老客) 발길을 조금이라도 가볍게 해 주었으리라 믿어 보고 싶다.

# 눈물이 밴 책 한 권

무료한 토요일 오후다. 책장 속을 물끄러미 바라보다가 1956년도 대한민국 정부(외무부)에서 발간한 KOREAN ARTS Painting and sculpture란 책을 꺼내 든다. 한국의 전통문화를 소개하기 위하여 외국에 주재하는 한국대사관이나 영사관을 통하여 그 나라의 박물관이나 도서관 등에 보내졌던 우리나라의 고전(古典) 회화(繪畵)와 조각(彫刻)작품들을 수록한 책이다.

표지를 넘기면 다음 장엔 DEDICATED TO THE FRIENDS OF KOREA라 쓰여 있다. 대한민국의 여러 친구들에게 바친다는 이 한 마디의 속뜻은 1956년이라는 이 책의 발간년도에 그 답이 있는 것 같다. 6.25전쟁의 폐허를 털고 일어나 재건의 일념에 영일(寧日)이 없었던 황망(慌忙) 속에서도 전쟁 중에 뜨거운 도움을 주었던 지구촌 여러 나라들에 대한 감사의 정을 조용히 에두르는 겸손이 책 속에 창백한 표정으로 도사리고 있는 것 같아 소슬(簫瑟)함이 느껴진다.

1962년으로 기억된다. 대학을 졸업해도 취직할 곳이 없던 때였다. Y대학교 경영대학 게시판에 당시 대기업이었던 J모직 회사 대표이사가 특별 강연을 한다는 안내문이 붙었다. 청강생이 너무 많았기에 소강당을 임시교실로 정했고 체격이 건장한 S사장께서 강단에 오르셨다. 매일 보는 교수가 아니라 대기업체의 사장이라는 신선함이 학생들의 귀를 사로잡았다.

"여러분! 우리 집에는 화장실에도 전화가 있습니다."

'와-'소리가 학생들 속에서 일었다. 전화가 귀하던 시절이라 부잣집이나 고급관리의 사택이 아니고서는 갖고 있지 않았던 전화가 화장실에도 걸려 있다니 와-소리가 나올 수밖에-

"여러분! 와-소리의 의미를 저는 알고 있습니다. 그러나 부러워 할 게 아닙니다. 화장실에서 볼 일을 보고 있을 때, 벨 소리가 '따르릉' 울리면 나오던 게 딱 멈춰버리고 맙니다. 다시 말해서 나는 그것조차도 맘대로 볼 수 없는 긴장 속에 24시를 살아야 합니다."

교실 안은 한 순간에 조용해졌고 다음 얘기에 귀를 모았던 기억이 선연(鮮然)하다.

1950년대, 60년대의 우리 모습, 가난으로 얼룩진 대한민국의 야윈 얼굴이 KOREAN ARTS란 책에 투영되고 있음을 본다.

명색이 정부가 발간한 책이다. A4사이즈 크기로 된 220여 페이지 속에는 고구려 고분벽화에서부터 고려와 이씨조선을 거치는 우리문화의 대표적 유물들이 실려 있는데, 첫 페이지의 고분벽화 한 점만이 천연색일 뿐 나머지 99점의 작품들, 겸제(謙齊)도, 현제(玄齊)도, 단원(檀園)도, 신사임당(申師任堂)도 하나같이 흑백으로 인쇄되어 있다.

세계대전이 끝나고 일본의 식민지에서 해방이 되자마자 동족끼리 남북으로 나뉘어 다시 전쟁을 치러야 했던 문제점 많은 이 나라의 문화재에 관심을 가져줄 누구도 없다는 것을 모를 바 아니었다. 그러나 전쟁 중에 목숨을 바쳐가며 우리를 도와준 우방국가의 은혜를 잊지 않으리라는 민족적 결의를 대신하여 유서 깊은 문화유산을 책으로 만들어 보내는 헌근지성(獻芹之誠)은 우리 정부가 마땅히 해야 할 범절(凡節)이었다. 나라의 재정 상태가 열악(劣惡)하여 천연색으로 책 한 권을 인쇄할 능력 없음이 안타까웠지만 자긍심(自矜心)을 버릴 수는 없어 흑백으로나마 책을 만들어야 했던 그 시대 지도자의 심고(心苦)를 어찌 짐작이나 할 수 있겠는가. 30,000$ 시대를 살고 있는 지금의 우리에겐 송구스럽게도 고대사(古代史)를 보고 있는 느낌이다.

이 책이 발간된 때로부터 60여년이 흘렀으니 현재의 물가로 그날의 출판가액을 산출할 수는 없다. 그러나 67년 전 그날, 99장의 천연색 인쇄비용을 미루어 짐작할 수는 있음이니 그 당시의 나라살림살이가 얼마나 눈물겹도록 어려웠던 지를 오늘의 형편과 비교해 보자.

국회의원이나 장관급 공직자들이 해외출장 시에 탑승하는 비행기 1등석을 비즈니스 석으로 바꿀 경우에 그 차액은 국가 예산으로 얼마나 될까? 그 예산으로 천연색 인쇄물을 얼마나 찍어 낼 수 있을까?

지도층 인사들이나 가르치는 입장에 있는 교직자들이 이 책을 보게 된다면 무엇을, 어떻게 느낄까가 궁금해진다. 앞서간 선배들이 국민의 혈세를 사용했던 마음가짐과 현재 자신의 처지를 비교하면서 죄송함에 눈시울이 붉어지는 분이 있었으면 좋겠다.

오래 전 얘기가 아니다. 불과 60여 년 전의 책 한 권, 흑백으로 된 사진을 한장 한장 넘기면서 손가락에 전해지는 가녀린 떨림을 오래 간직하고 싶다. K팝, K드라마 등등 한국문화의 바람이 세계의 무대를 휩쓸고 있다는 가슴 벅찬 소식을 접할 때마다 한국의 문화는 엉겁결에 졸부(猝富)가 된 게 아니라는 것, 장구한 전통을 지켜오면서 외세(外勢)의 침략도 여러 차례 받았었고 그로인한 궁핍과 기아(飢餓)를 견디면서도 민족문화를 지켜왔던 한(韓)민족 특유의 고집을 느끼고 싶기 때문이다.

화장실 속에서의 시간은 누구에게도 침해받지 않는 자기만의 것임에도, 그것마저 전화벨에게 나누어 주려했던 기업인의 목마름과, 국민소득 100$이 못되던 시절에도 문화적 자긍심을 지키기 위하여 허리띠 졸라매고 펴냈던 창백한 책갈피에서 배어나는 고독한 의지, 그것이 오늘의 우리를 만들어 온 원동력이었음을 후배들이 깨우칠 수 있었으면 좋겠다.

# 5. 살며, 생각하며

# 가능성의 매력

일본 북해도의 치도세 국제공항을 출발하여 서울로 오는 비행기에서 두 아들을 함께하고 있는 30대 중반의 여인과 나란히 앉게 되었다. 인사를 나누다보니 삿포로 근교에 살고 있는 재일교포였다. 초등학교 3학년이 된 큰 아이와 1학년에 입학한 작은 아이를 한국 학교에 전학시키기 위하여 친정인 부산으로 가는 길이라 했다. 그 여인의 특이한 교육관에 귀 기울이면서 비행시간 내내 가능성의 무한한 힘, 그 묘한 매력에 대하여 골똘히 생각했던 적이 있다.

'어느 모로 보나 한국보다는 교육환경이 나은 일본에서 공부 잘하고 있는 아이들을 한국으로 전학시키려는 나의 의지를 주위 사람들은 한사코 말립니다. 그러나 어머니로서 내가 가지는

자식에의 사랑과 기대와 한(恨)을 남들이 어찌 다 알겠습니까.'

그 여인의 굳은 표정에는 냉철함이 묻어나고 있었다.

'우리 시아버지는 파친코 사업을 하시며, 제 남편도 같은 일을 합니다. 일본 땅에서 한국 사람이 사회적으로 존경 받을 수 있는 직업을 가지기란 현실적으로 불가능에 가까운지라 많은 교포들이 파친코를 업으로 하여 살아가고 있습니다. 지금까지 그러하였고 앞으로도 그러할 것입니다. 제 아들도 이대로 가면 훗날 틀림없이 파친코 장사를 하면서 살게 될 것입니다. 파친코 장사를 할 바에야, 대학을 나오면 무얼 하고 박사학위를 받으면 무얼 합니까?'

여인의 어조는 조금씩 격앙되고 있었다.

'한국 사람도 아니고 일본 사람도 아닌 우리들 교포에게는 꿈이 없습니다. 교포가 일본국적으로 귀화를 하여도 한국 출신이라는 딱지는 떼어버릴 수가 없습니다. 자식이 아무리 열심히 공부해도 파친코 장사밖에 할 수 없다는 현실이 너무도 싫습니다. 그래서 나는 자식을 한국에서 공부시키려고 결심했습니다. 뿌리를 찾아 한국에 와서 공부하고, 한국 친구 사귀고, 한국에서 결혼하고, 한국에서 살게 되면, 판사 검사도, 대통령도 될 수 있다는 희망을 아이들에게 심어주고 싶습니다.'

목이 타는 듯, 여인은 물을 한 모금 들이켰다.

'한국에서 한국 사람으로 살게 된다고 하더라도 내 자식의 능력이 모자라면 옳은 직장이나 직업을 갖지 못하고 실직자가 될 수도 있을 것입니다. 그러나 어느 부모가 자식의 장래를 잘못되는 쪽으로 기대할 수 있겠습니까. 최악의 경우라도 일본에 돌아가서 아버지의 파친코 사업은 물려받을 수는 있을 것이므로 일단은 새로운 가능성이 있는 한국 땅에서 공부 시키려하는 것입니다.'

낯설은 한국문화를 자식에게 펼쳐 보이려는 젊은 엄마의 매서운 의지는 엄청난 고난의 길을 택한 개척자의 고독한 아픔으로 느껴져 왔다.

'가장 염려되는 것은 우리 아이들이 친구도 없고, 말도 글도 서투른데 한국의 이질적인 환경에 얼마나 빨리 동화될 수 있느냐 하는 것입니다. 친정 부모님께서 정성껏 도와주시겠지만 우선은 친구 없는 외로움을 어떻게 견디며, 한국 공부에 서툴러서 성적이 꼴찌를 할 수도 있을 것이니 그 열등감을 어떻게 참아낼 지가 걱정입니다. 그러나 어떤 고통이라도 참고 견디자고 아이들과 단단히 약속을 하였습니다.'

손수건으로 가볍게 눈언저리를 훔치는 여인의 모습에서 <극성엄마>라는 한 마디 말로는 표현 할 수 없는 숭고한 모정이 시대를 달리한 맹자 어머니의 모습으로 다가왔다.

'기러기 아빠'라는 말이 생겨났다. 자녀를 선진국에서 교육시키겠다는 일념으로 혼자 떨어져서 아내와 자식에 대한 그리움을 감추고 살아가는 아버지의 외로움과 고달픔을 표현한 말이니 한국 말고 또 어느 나라에 이 같은 표현이 있을까? 초등학교에 입학하면서부터 시작되는 과외 공부 때문에 놀이의 재미를 모르고 자라는 어린이의 정신적 피로감은 우리나라 말고 또 어디서 찾아볼 수 있을까? 재수(再修) 삼수(三修)를 해서라도 일류 대학에 들어가야 하는 시류(時流)때문에 학원사업이 성시(盛市)를 이루는 나라가 또 어디 있을까? 숱한 어려움들을 예견하면서도 어린 두 아들을 낯선 땅에 유학 시키려했던 재일교포 젊은 엄마의 무서운 집념이 새삼스러워 진다.

그 후, 한국에 전학 왔던 두 아이는 일 년도 채 견디지 못하고 일본으로 돌아갔다는 얘기를 전해 들었다. 한껏 부풀었던 꿈이 바람 빠진 고무풍선처럼 되었을 그들 모자의 뒷모습을 상상하면서 물거품으로 꺼져간 젊은 여인의 고독한 의지가 입맛을 씁쓰레하게 한다.

몇 백만 분지 일이라는 확률은 사실상의 불가능임을 알면서도 거미줄 같은 가능성에 한 가닥 기대를 거는 사람들이 오늘도 로또복권 매표소 앞에 길게 줄을 서 있다. 속을 줄 알면서도 믿고 싶도록 만드는 것이 가능성의 숨은 저력이요, 그 저력 앞에 무릎 꿇을 수밖에 없는 인간의 나약함이다. 더 크고, 더 높은 곳을 향하는 꿈은 신이 인간에게 준 아름다운 모순인 지도 모르겠다.

알라스카의 바다에서 성장한 연어는 태평양을 건너는 험난한

항해로 기진맥진하고서도 급류를 거슬러 고향 강을 찾고 산란한 후에 숨을 거둔다. 산란된 것들의 대부분은 사람의 밥상에 오르거나 짐승의 먹이가 되겠지만 일부분은 살아남으리라는 일말의 기대에 어미는 행복한 죽음을 맞는 것이리라. '가능성'이란 사람을 바보로도 만들고 천재로도 만드는 신비한 마력을 지닌 것임에 틀림이 없나보다.

# 비

"삼촌! 이슬비와 가랑비는 어떻게 달라요?"

내가 초등학교 저학년일 때 대학생이던 막내 삼촌에게 물었던 말이다. 삼촌은 씨익 웃으시더니 이렇게 대답했다.

"이슬비는 좋은 사람 가지 말고 그냥 있으라고 이슬비요, 가랑비는 미운 사람 빨리 가라고 가랑비란다."

어찌 생각하면 참말인 것도 같고, 어찌 생각하면 우스갯말인 것도 같아서 아리송했던 기억이 있다.

내가 과문한 탓인지 몰라도 우리나라처럼 다양하고 섬세한 언어적 표현을 가진 민족은 없는 것으로 안다. 한반도는 온대지방에 속해 있어 사계절이 또렷하고 계절 따라 흐르는 자연현상의 변모를 표현하는 어휘가 다채롭게 생겨났으리라고 유추할 수 있다. 그러나 온대지방에 속하는 나라가 수없이 많을 진데 유독 한국말에서 타의 추종을 불허하는 오묘한 표현들을 찾을 수 있다는 것은 우리 혈관 속에 흐르고 있는 현란한 감수성이나 예술성 때문이라고 유추해 보는 것은 미숙한 아집일까?

우리는 일상에서 빗방울의 크기나 굵기에 따라 비의 이름을 가름하는 경우가 많다. 안개비, 는개, 이슬비, 가랑비, 보슬비 등이 그것들이다.

안개비는 알맹이가 미세하여 연기와 같다는 뜻으로 연우(煙雨)라고도 했고, 그 다음으로 굵은 비를 는개라 하는데 털처럼 여리다는 뜻으로 모우(毛雨)라고 했다. 폭포 아래에 가면 보일 듯 말 듯한 작은 물방울이 부옇게 피어나기 때문에 옷이나 피부가 꿉꿉해진다. 이때의 미세한 물방울을 는개(비)라 하는데, 안개와 는개는 너무 가벼워서 내린다는 표현 보다는 피어오른다는 표현을 쓸 경우가 많다. '골짜기마다 피어오르는 는개가 봄의 숨결 같다'고들 한다. 조금 더 굵어져서 피부에 닿는 감촉이 느껴지기 시작하는 비를 이슬비, 이슬비보다는 조금 더 굵지만 맞아도 크게 부담스럽지 않는 다소곳한 비를 가랑비라 했다. 남인수의 히트 곡 '이별의 부산 정거장'에서 피난살이의 설움을 달래주며 소리 없이 내리는 보슬비는 가랑비 중에서도 바람을 타지 않고 조용히 흐느끼듯 성기게 흐르는 비를 이르는 표현이다.

갑자기 세차게 쏟아지는 굵은 비를 폭우라 하고, 폭우 중에서 한 줄금 퍼붓다가 그쳐버리는 비를 소나기 혹은 소낙비라 하고 내리는 시간이 길어지면 호우(豪雨)라 한다.

물방울이 흐르는 모양새로 비의 이름을 붙인 경우도 있다. 밀가루나 쌀가루처럼 부드럽게 흘러내린다고 가루비요, 실의 가닥처럼 길게 늘어지는 느낌이 들 때는 실비, 굵직한 장대처럼 죽죽 뻗어 내리는 비를 장대비, 눈과 섞여 내리는 비를 진눈깨비라 불렀다.

하늘만을 쳐다보며 농사를 천직으로 살았던 조상들에게 비는 생명줄이었고 비가 오지 않아 논바닥이 들어나면 기우제(祈雨祭)를 올리는 것을 생활의 일부로 알았을 만큼 비는 곧 농사 그 자체였다. 그렇기에 농사의 일정을 따라 지은 맥우(麥雨)나 매우(梅雨)라는 비도 있다. 24 절기 중 망종(芒種)을 전후하여 봄보리의 이삭이 커지고 여물도록 6월 초순에 오는 비를 맥우(麥雨)라 불렀다. 6월 중순부터는 본격적인 장마가 시작되는데 흐리고 갬이 한 달가량 계속되고 벽이나 천정에는 곰팡이가 피고 가구나 옷가지도 눅눅해진다. 이같이 음울한 장마철을 지나오며 스스로 마음을 달래려 했던 할아버지들의 풍류를 느끼게 하는 말이 있으니 매우(梅雨)가 그것이다. 설한풍 속에서 봄을 일러주는 의지의 상징으로 가슴에 지녔던 매화(梅花)의 절개가 떨어져간 그 자리에 매실(梅實)을 익게 해주는 빗줄기라 하여 장마를 매우(梅雨)라 이름 지으신 조상의 여유로움이 멋스럽기

그지없다.

빗물 속에 스민 정서적 의미가 도드라지는 비도 있다. 내리는 알갱이가 구슬처럼 영롱하게 느껴진다고 구슬비, 천둥이 울면 큰물이 쏟아져 논밭을 쓸어갈까 걱정되는 천둥비, 가을 늦은 오후에 심란해지는 마음처럼 으스스하게 내리는 소슬(蕭瑟)비도 있다. 물방울이 공중에서 차가운 공기를 만나 하얀 얼음덩이가 되어 떨어지는 것을 우박이라 하는데 채소 잎사귀에 구멍을 뚫는 폭거가 없기를 바라는 부드러운 표현으로 백우(白雨)라는 또 하나의 이름을 붙여주었던 것은 자연에 대한 경외(敬畏)사상 때문이었을까?

햇빛이 쨍쨍한 날, 까닭 모르게 떨어지는 비를 여우비라 한 것은 속내를 알기 힘든 꾀 많은 여우를 닮았다는 비유인 듯한데, 간교(奸巧)하기로 치면 사람이 으뜸일 것인데 하필이면 여우에게 그 탈을 씌운 게 억울해서 한반도에서 자취를 감춘 것은 아닐까??

2021년 이었던가, 경북 울진에서 전례 없이 큰 산불이 일었다. 수백 대의 소방용 헬리콥터가 동원되는 사투에도 불구하고 장장 9일 동안 축구장 15,000개 면적의 태백대간을 태우는 것을 TV화면으로 지켜보며 국민은 얼마나 불안해했던가? 그러나 봄을 적시며 촉촉이 내리는 하루의 빗줄기가 역대급 재앙을 해결해 주었으니 이야말로 단비(甘雨)가 아니었던가. 단비 중에서도 얼어붙은 땅을 뚫고나오는 싹에게 힘을 실어주는 봄비를 하늘의 자애로움이라하여 자우(慈雨)라 하고, 한 여름 날 더위를 식혀주는 고마운 비를 서우(暑雨)라 부르기도 한다.

비는 하늘이 내리는 은혜다. 산과 바다에도, 도회의 빌딩 숲에도, 고향집 타작마당에도 하늘의 정은 내린다. 국민 위에 군림하던 권력들이 떠나버린 궁궐의 빈 뜰에도 비는 내리는데 화려하게 뿜어내던 약속을 지키지 못하고 돌아서는 정치인의 가슴에도 참회와 속죄의 눈물 비가 조금이라도 내렸으면 좋겠다.

# 순로(順路)

무료한 주말 오후, 무심결에 TV를 켠다. 미얀마의 바닷가 풍경이 펼쳐지면서 갯자락에 삶을 묻고 살아가는 사람들의 향토내 물씬거리는 정취가 편안하게 안겨온다. 조각배를 타고 고기잡이로 일생을 이어가는 그들의 질박한 모습이 때묻지 않은 자연의 편린으로 여겨진다.

한 쪽 발은 배위에 두고 다른 쪽 발은 뱃전 밖으로 벌려서 발목과 가랑이 사이에 노를 끼우고는 바다를 향해 저어 나가는 외다리 노젓기가 참으로 신기해 뵌다. 금세 넘어질 듯, 넘어지지 않고 뒤뚱거리면서 잘도 저어가니 이 같은 노젓기에 익숙해지기만 한다면 두 손으로는 다른 일을 할 수가 있을 것이니 참으로 능률적인 기술일 성 싶다고 생각하면서 흥미롭게 지켜본다.

얼마나 어족자원이 풍부한지는 몰라도 수심 1미터 남짓한 곳에서 물속을 들여다보다가 고기의 움직임을 확인하고는 통발을 물속으로 던져 고기 위에 뒤집어 씌워놓고 갇힌 놈을 손으로 잡아낸다. 대여섯 마리 잡고나면 그날의 고기잡이는 끝난다. 한 가족의 식량으로 충분하기 때문이다. 내일의 식량은 내일 다시 마련하면 되는 것이니까. 한 끼니의 식량으로 만족해하는 그들의 겸손, 더 잡을 수 있고 더 배불리 먹을 수 있음에도 불구하고 절제할 수 있는 그들의 가치관이 선진국의 그것보다 더 여유롭게 느껴지는 것은 무슨 까닭일까?

갯가에서 태어나고, 갯가에서 몸도 꿈도 자라고, 가정을 이루고 자식 낳고 살다가 삶을 끝내는 마지막 순간에는 바다의 품속에다 스스로를 수장(水葬)시키는 그들의 정해진 여정이 서산에 지는 노을같이 잔잔하고 평화스런 한 폭의 그림 같다.

고대사회에서는 사후(死後) 세계에 대한 꿈과 기대가 현대인이 상상할 수 없을 만큼 컸었다는 것은 피라미드 같은 건축물로 미루어 짐작할 수 있다. 그러나 그 기대와 꿈은 세월 속에서 점차 작아지기 시작하여 현대에 이르러서는 한 줌의 뼛가루가 된다는 겸손한 모습으로 변하기도 하고 마침내는 그 가루 한줌마저도 건질 수 없도록 대학병원의 실험용으로 산화(散華) 되어 무(無)로 돌아가는 종말을 긍정적으로 받아들이는 사람도 적지 않다.

그럼에도 불구하고 인근에 화장장이나 납골당이 세워진다는 소문만 나돌아도 폭발하듯 극렬히 저항하는 한국인들의 장의문화(葬儀文化)의 현주소는 어떻게 설명해야 할 것인지, 우리가 해결하지 않으면 안 될 중요한 숙제가 되어 있다.

한국 땅을 벗어나기만 하면 죽은 자와 산자의 거리는 가까워진다. 납골묘가 동리 가운데 자리 잡고 있어 아침저녁으로 그 앞을 오가며 부모나 친족의 온기를 느끼면서 살아가는 사람들, 주말마다 찾아가는 교회 마당에 자신의 죽음이 묻히게 되는 것을 영광으로 생각하는 사람들, 그 마을에서 가장 아름답게 조경된 맑고 깨끗한 공동묘지로 도시락을 싸들고 소풍을 가는 가족들과 연인들, 아침저녁으로 미사를 올리는 신성한 공간, 수많은 관광객들이 장사진을 치고 있는 궁전 안에 한 시대를 열심히 살다간 수도자의 시신을 모셔두고 후인들의 귀감으로 삼고자하는 종교인들--,이 같은 모습들을 해외여행을 통해서 많이들 보고 듣고 배우고 돌아오면서도 죽음과 관련한 문제에 대하여는 좀처럼 가슴을 열지 않는 우리의 관념적 고집이 언제까지 이어질 것인지 궁금하기도 하다.

나도 한국 사람이기에 죽음에 대하여 다소간의 무거운 정서를 가져왔던 것을 부인하지 않는다. 그런데 오늘 우연히 지켜본 미얀마의 어촌 풍속도가 나로 하여금 삶과 죽음의 관계를 아주 쉽고도 편안하게 정립시켜 주었기에 전에 없이 밝은 마음으로 죽음을 생각할 수 있는 귀한 가르침을 얻은 셈이다.

물고기를 주식으로 하여 살아온 사람의 시신을 바다에 수장(水葬)하는 그들의 관습은 정글이나 초원에서 벌어지는 약육강식의 먹이사슬처럼 강제된 논리가 아니라, 일말의 어색함도 저항감도 없이 자연 속으로 동화되어가는 순리(順理), 바로 그것이었다.

평생을 먹어온 물고기, 아내와 자식들의 삶을 지켜준 물고기는 단순한 사냥감이 아니라 생활의 한 부분이요 그들의 미래였다. 그렇기에 쓸모없이 되어버린 육신을 물고기에게 돌려주는 것은 지나온 날들에 대한 보답일 수도 있고, 물고기들이 먹고 자라고 살찌고 새끼 쳐서 남아 있는 가족과 친구들의 양식이 되어주기를 예약하는 것일 수도 있었다. 한 인간의 죽음이 물고기의 뱃속을 통하여 사랑하는 사람에게 다시 돌아오는 생명 이음의 사슬로 만들어지는 것이었다.

죽음을 거부하고 싶어 했던 절대권력자, 다시 태어나고 싶어 했던 파라오의 열망은 기원전 2500년경의 놀라운 예술 수준을 피라미드를 통하여 일러주고 있다. 그러나 그 같은 문화유산들의 그늘에는 독재자에게 욕망의 제물(祭物)로 바쳐졌던 백성들의 엄청난 희생이 어두운 강물로 흐르고 있어 보는 이의 마음을 무겁게 하지 않던가. 그런가 하면 미얀마의 어부들은 죽어서도 다시 돌아오는 조용하고 소박한 삶의 길이 있다는 걸 알고 있기에 그들 앞에 놓인 순로(順路)를 편한 마음으로 걸어가기를 주저하지 않았다.

근자에는 수목장(樹木葬)이란 말을 가끔씩 듣게 된다. 뼛가루 한 줌이라도 거름이 되고자하는 죽음의 길이 신선하게 전해진다. 살아 온 자신의 길이 어떠하였던지 간에 죽어서 가는 길에서만이라도 가족이나 사회에 번거로움을 주지 않는 나의 길, 그 순로(順路)가 무엇인지를 평소에 한 번 쯤은 생각해 볼 일이다.

# 영웅이 없는 시대

맹자(孟子)를 읽으면서 인상 깊었던 한 토막을 떠올려 본다. 진심장구(盡心章句)편에 나오는 맹자와 그의 제자 도응(桃應)과의 문답이다.

순(舜)임금의 아버지 고수(瞽瞍)라는 분은 성격이 괴팍한 탓으로 남들과의 다툼이 많아 늘 크고 작은 사고를 달고 다니는 분이셨기에 순임금께서는 여간 머리 아파하지 않았다. 이 문제를 두고 제자 도응이 맹자에게 묻는다.

"만약에 순임금의 아버지 고수 어르신께서 큰 사고를 저질러 국법에 따라 사형(死刑)에 처할 수밖에 없는 경우가 된다면 순(舜)임금께서는 어떻게 처리 하셨을까요?"

"순(舜)임금은 왕좌(王座)를 버리고 밤중에 아버지를 업고 멀리 인적 없는 바닷가로 도망가서 아버지가 돌아가실 때까지 모시고 살았을 것이다."

누구에게나 공평하게 적용되어야할 국법(國法)과 자신의 사적(私的) 이해관계 앞에서 순임금은 어느 쪽을 택했을 지를 묻는 제자의 질문이었고, 스승의 답변은 대의명분보다는 자기만이 할 수 있는 일을 우선 선택함이 옳지 않겠냐는 것이다. 임금의 자리는 순(舜)임금이 아니라도 다른 사람이 맡을 수 있을 것이나 말썽 많은 아버지를 모시는 일은 자식만이 할 수 있는 일이니 임금 자리를 버리고서라도 아버지를 보살피는 것이 외로운 길이요, 가야할 길이라는 맹자의 철학이었다.

맹자가 떠나고 2000년이 훨씬 지나서 20세기의 지성이라 불리던 프랑스의 작가 로맹 롤랑을 만나보자.

노벨문학상을 받은 롤랑의 장편 소설 <장 크리스토프>에서 주인공 장 크리스토프와 그의 백부(伯父)와의 대화에 나오는 얘기다. '이 시대엔 영웅이 존재하지 않는다. 굳이 영웅을 찾아야 한다면, 자기만이 할 수 있는 일을 가려낼 수 있는 사람, 가려낸 일을 빠짐없이 실행하는 사람을 영웅이라 할 수 있을 거다'. 놀랍게도 2000여 년을 소급하여 맹자를 만나게 되는 것 같다. 순(舜)임금만이 할 수 있는 일, 괴벽한 아버지를 돌보기 위하여 왕좌(王座)를 버리고 야반도주(夜半逃走)를 할 것이라는 맹자의 논리가 20세기에 와서 로망 롤랭의 의견과 일치하는 것이다.

1961년, 40대의 젊은 케네디가 미국대통령으로 당선되어 세인(世人)의 이목을 끌었다. 케네디는 그의 취임사에서 '국가가 국민을 위하여 무엇을 해주기를 바라지 말고 국민이 국가를 위하여 무엇을 할 수 있을 지를 생각하라'했다. 자기가 해야 할 일을 스스로 찾아 하는 선진국민의 본분을 피력 했던 것이니 이게 곧 맹자의 사상이요 로망 롤랭의 주장이었던 것이다.

순(舜)임금의 치하(治下)에서 우(虞)나라는 인류 역사상 가장 태평성대를 구가하였고, 케네디 대통령의 시대에 미국은 지금과는 달리 지구촌에서 가장 권위 있는 신사의 나라로 존경 받는 위치에 있었다는 것이 어찌 우연한 일이라 하겠는가.

현대는 영웅의 존재를 상실하였다. 존재하는 모든 질서나 체계는 규격화 되어버린 제도(制度) 안에서 이루어진다. 개인의 역량에 따라 대중(大衆)들이 구름처럼 모여들고 그 추종자들을 바람처럼 몰고 다녔던 지난 시대의 풍운아는 태어날 수가 없는 여건이다. 오히려 보편적 제도나 질서의 흐름에서 탈락하지 않고 그 물결을 타고 끝까지 살아남는 자가 승리자가 되는 시대가 되어버렸다. 개인의 개성을 좇아 자기만의 세계를 만들어가는 것을 다양성이라는 측면에서 평가하기도 하지만 그 다양성도 시대의 사조(思潮)에 역행할 경우는 이단(異端)자의 낙인(烙

印)을 받게 되는 위험을 감내해야 한다.

근자에 케네디의 취임사를 거꾸로 말하는 정치인이 주위에 있다. 국민이 낸 세금을 많이 퍼서 모두에게 돌려주겠다는 산타크로스다. 애써 모아놓은 것을 가져다주는 일이야 누군들 못할까. 그런 일은 택배아저씨의 전공과목 아닌가. 눈앞에 보이는 인기가 아니라 우선은 국민이 언짢아할 줄 알면서 미래를 위하여 해야 할 일을 찾아하는 지도자의 고집스런 정치력이 아쉬운 시대다.

배고픔을 앓으며 보릿고개를 넘어온 우리들이기에 얻어먹는 길을 열어주겠다는 건 또 다른 저주(咀呪)의 주문(呪文)으로 들린다. 사술(詐術)로 영웅이 되기를 꿈꾸는 사람과 그자의 위장(僞裝)을 알아보지 못하는 사람들에게 기약된 미래가 있다면 그게 오히려 이상한 사회가 아니겠는가.

역사의 변천을 따라 사회적 여건도, 등장하는 인물도 달라져 간다. 그러나 인간사회를 지배하는 모랄은 변하지 않는다는 가르침이 맹자의 혜안(慧眼)을 통해서, 로맹 롤랑의 펜 끝을 통해서 동일한 무게로 우리 손에 쥐어졌지 않은가. 영웅이 없는 시대를 살면서 영웅이 되고 싶은 사람들의 자기도취(自己陶醉)가 사술(詐術)인지, 아닌지를 아는 사람과 모르는 사람들이 뒤엉켜 활보하고 있는 풍경이 걱정스럽다. 어느 날 부끄러움을 몰랐던 한 자락 파도가 휩쓸고 지나간 후에 그 상처로 인하여 우리 모두가 견뎌야할 고통의 시간은 꽤나 오래 갈 것이기 때문이다.

# 작은 몸, 큰 마음

통광(通光)스님께서 입적(入寂) 하셨다는 신문기사가 눈에 들어온다. 나는 불교에 마음을 두어 본 적은 없지만, 불자(佛子)로서 평생을 살다 가신 어머니의 영향으로 어릴 적부터 불교 분위기에 젖어 살아왔기에 얼마큼의 불교 냄새가 내 몸에 배어 있으리라 짐작하고 있다. 그래선지 내 마음 속에는 큰 획을 그어 주신 몇 분 스님들의 영상이 있다. 그 중에서 '작은 몸 큰마음'의 형상으로 자리 잡고 계시던 통광(通光)스님께서 멀리로 떠나셨다는 상실감이 한 줌의 찬바람으로 다가온다.

40대 중엽에서 50대 중엽에 이르는 10여 년간을 산에 매료되어 천막을 치고 산에서 잠을 잤던 날도 더러 있었다. 깊은 밤 천막 위에 비쳐지는 달과 나뭇잎과 바람의 대화에 한 몫 끼어

드는 설렘도 맛보았다. 그 무렵에 지나쳐갔던 지리산 칠불암은 문화재로 지정되어 있다는 아자방(亞字房)말고는 눈에 들어오는 게 없는 초라한 암자였고, 절집 마당에 지리산 가을빛이 설렁하게 앉아 있던 기억이 전부이다.

그로부터 10년쯤이 흐른 1999년 1월 1일로 기억된다. 신년 새벽에 쌍계사 계곡을 거슬러 불일폭포까지 다녀오곤 했던 해마다의 일과를 마치고서 칠불암 쪽으로 차를 몰았다.

어찌된 일인가? 지난날의 칠불암은 없었다. 초라한 암자가 앉았던 바로 그 자리에 산세를 제압할 것 같은 가람의 위용이 눈을 의심하게 한다. 한 마디로 뽕나무 밭이 바다로 변해버린 것을 보았음이다.

주지스님께 세배하러 온 신도들과의 만남이 끝나기를 기다리며 변해버린 칠불사의 경내를 두루 살펴보았다. 골 깊은 산그늘에 잠들지 않고 있는 10년이라는 시간과 돈과 어느 스님의 열정이 만들어 놓은 불사(佛事)의 무게가 가슴을 눌러온다.

처음 뵙는 통광(通光)스님은 야위고 조그마한 체구에 눈이 맑으셨다. 스님께 어머니의 불명을 말씀드렸더니 환하게 웃으시며 반색하셨다. 큰 불사(佛事)를 이루어 내신 이 스님은 어떤 도량(度量)을 지니셨는지, 그 속을 들여다보고 싶은 호기심이 발동하는 것을 참을 수가 없었다.

"스님! 대단히 외람된 말씀이오나 제 눈에 비치는 스님의 풍모로는 이같이 아름답고 큰 절을 이루시고 경영하시기에 적합하지 않다는 생각인데 제가 보지 못하는 어떤 덕목이 스님 속에 내재되어 있는 지가 궁금합니다."

내 입에서 나온 말이 금도(襟度)를 넘어서고 있다는 것을 알면서도 스님 속에 있는 법심(法心)의 깊이를 찔러보고 싶은 도전의식이 스님의 표정 변화를 지켜보게 했다.

스님의 얼굴에서 천진한 미소가 일어났다.

"그렇지요. 내 몰골이 너무 왜소하고 빈약하지요. 옛날 내가 모셨던 탄허(呑虛)스님께서도 꼭 같은 말씀을 하시더군요. 몰골이 너무 빈약해서 중 짓을 하기에 부적합하니 환속해서 장사나 하며 살라하셨는데 오늘 꼭 같은 얘기를 또 한 번 듣게 되는군요."

주전자를 들어 비어진 나의 찻잔을 다시 채워주시고는 말씀을 잇는다.

"조금 전에 차를 내오던 스님 보셨지요, 우리 절 살림을 사는 원주(院主)인데 체격이며 얼굴이며 나무랄 데 없이 준수합니다. 저런 풍골이라면 이정도의 절은 충분히 건사할 수 있습니다. 나는 못났어도 저 놈 하나만 잡고 있으면 저 놈이 이 절을 잘 다스려서 나를 먹여 살리게 되는 셈이지요."

큰 웃음소리가 방을 채웠다.

얼굴 생김새가 너무 빈약해서 절 하나를 지닐 관상이 못될 것 같다고 했던 나의 폭언은 지금 생각해도 낯이 뜨겁다. 그런데 스님의 답변은 나의 얘기를 당연한 걸로 받아들이시지 않았던가. 수도(修道)로 닦은 영혼 속에 바람 한 줄기 지나가듯. 빈약한 얼굴이 주는 의미를 익살스레 풀어주시던 그 맑은 웃음은 폭언을 던진 나를 편안하게 품어주는 대덕(大德)이 아니던가.

그날 이후로 나는 통광(通光)스님을 만난 적이 없다. 그러나 작은 것 속에 스며있는 큰 그릇의 값을 일러주신 스님의 맑은 웃음은 내 속에 늘 목탁소리 같은 법문(法文)으로 울리고 있다. 언제였던가, 친구의 따님이 판사로 임관되었다는 얘기를 듣고, 통광스님의 법문을 되새기며 법소덕대(法小德大)라는 격려의 쪽지 한 장을 전해 주었다.

# 중앙동 뒷골목의 미니 카페

어김없이 또 한 해가 저물어간다. 뭔가를 정리해야겠다는 생각에 점심이라도 나누고 싶다며 찾아온 중국청동기 연구가 J 박사를 중앙동 골목의 간장게장 집으로 안내한다. 호남 출신 할머니와 따님이 그들 나름으로 애써 차려내는 남도의 맛을 즐겨본다. 오랜만의 만남이라 밥 한 끼 먹고 헤어지기가 섭섭하여 근처의 찻집을 찾는다. 사람도 자동차도 뜸한 일방통행길이라 일부러 찾지 않으면 모르고 지나치기 십상인 위치에 화려하지도, 초라하지도 않은 카페의 간판이 눈에 들어온다.

조그만 외짝 문을 밀치고 들어선다. 에게! 너무도 뜻밖이다. 우리말에 콧구멍만 하다는 표현이 생각난다. 조그만 원탁을 마주 보는 의자 4 개가 행길 쪽으로 놓였고 바리스타와 마주 보면서 차를 마실 수 있는 네 개의 의자가 놓였으니 도합 8 명의 손님 밖에 받을 수 없는 초미니 가게다. 벽 쪽에는 이름을 들어본 적이 있는 수입 커피 원두를 담은 조그만 봉지들과 찻잔을 올려놓은 선반이 보이고 그 아래로  커피를 내리는 드립세트와 찻잔을 세척하는 조그마한 집기들의 배치가 소꿉장난하듯 앙증스럽다.

눈대중으로 대여섯 평 남짓해 뵈는 공간의 벽에는 '살로메 40계단을 오르내리다'라는 연극포스터와 고양이의 예쁜 표정들을 찍은 사진액자 대여섯 개가 붙은 것으로 보아 가게 주인 특유의 개성이 짐작된다. 자기네 가게가 직접 브랜딩 한 것으로 뵈는 고유(固有) 커피의 이름과 실물이 전시판매되고 있는 것으로 미루어 커피의 맛에 대한 자존심이 예사롭지 않음을 은근히 내비치고 있는 것 같다. 그러나 그 자존심은 공인된 것이 아니라 스스로 지켜가고 싶은 외롭고 왜소한 모습으로, 빛바랜 집기들과 함께 눈만 깜박이고 있는 느낌이다.

화장기 없는 얼굴로 손님을 맞는 40대 여인이 가게의 주인인 성싶다. 나는 커피 마니아가 아니지만 평소에 커피를 즐겨 드는 편이고보니 혹시나 이 가게를 대표할 만한 메뉴가 있으면 기억해 두고 싶은 생각으로 좋은 커피를 추천해 달라 했더니 잠깐 망설이던 여인은 '플랫 화이트(Flat White)'가 어떠냐고 반문해 온다. 몇 종류의 커피를 브랜딩하고 스팀 밀크를 넣은 것이라며 한 번 시음해보란다.

달지 않아서 우선 좋고, 자극적인 쓴맛이 아니어서 좋은 '플랫 화이트'는 무언가를 생각하게 하는 싫지 않은 뒷맛이 씁쓰레한 여운을 혀끝에 남긴다. 내게는 합격이다. 차의 맛은 마시는 사람의 개성에 따라 호불호(好不好)가 달라지기 마련이니 나의 주관적 평가로 '플랫 화이트'의 매력을 논하고 싶지는 않다. 그러나 우연히 들리게 된 이름 없는 찻집에서 후일 다시 만나고픈 커피 하나를 마음에 새길 수 있다는 건 내게 있어 다행한 일이다. 이게 바로 기대하는 바 없는 텅 빈 마음속으로 이따금씩 찾아오는 '맑은 행복' 그것이 아닐까 생각해 본다.

언제가 읽었던 글줄이 생각난다. 어떤 미국인이 빠리를 여행 중에 골동품가게에 들렀다가 낡은 진주목걸이 하나를 사게 된다. 세월의 때가 잔뜩 끼어있어 볼품은 없었으나 목걸이의 장식이 특이하다는 생각에 약간은 비싼 값이라 생각되는 500$을 지불했다. 미국으로 돌아온 후에 진열장에 넣어두고 자주 보게 되니 처음 느꼈던 세련미도 없어 뵈고 본전 생각도 나는지라 팔아서 용돈으로라도 쓸 요량으로 이름 난 골동품가게를 찾아가게 된다. 낡은 진주목걸이를 확대경으로 한참이나 들여다보던 가게 주인은 진지한 표정으로 말한다.

"귀한 물건이네요. $50,000 드리겠습니다."

빠리에서 구입한 가격의 100배를 주겠다는 말을 믿을 수가 없었기에 반문을 한다.

"이 목걸이를 $50,000로 평가하시는 까닭을 여쭈어도 될까요?"

"아직 모르고 계셨군요. 여기 이걸 보세요." 하며 확대경 속을 들여다보라고 한다.

확대경속에는 깨알만한 글씨로 '사랑하는 조세핀에게, 나폴레옹'이라 씌어 있고 그 아래 나폴레옹의 사인이 또렷하게 보인다.

그 순간의 감격을 주체할 수 없었던 목걸이의 주인은 팔아버리겠다는 생각을 거둔다. 나폴레옹 황제가 첫 부인 조세핀에게 선물했던 사랑의 증표를 자기 손에 쥐고 있다는 사실이 현금 $50,000로서는 바꿀 수 없는 행복이었기 때문이다.

만약에 이 목걸이를 빠리의 뒷골목 골동품 가게에서 구입한 게 아니고 소더비경매장에서 경락받았을 경우를 가정해보자. 경매진행자로부터 낡은 목걸이에 숨겨진 사연을 설명 들었을 것은 물론이요 경락가격도 10만 불이나 20만 불쯤은 지불했을 것이다. 나폴레옹 황제의 사인 값으로 거액을 지불했을 목걸이는 주인에게 얼마나 행복을 줄 수 있을까? 모르긴 해도 $500에 매입한 물건이 $50,000짜리의 역사적 유물로 판정됐을 때의 기쁨에는 가히 미치지 못했으리라 생각된다.

중앙동은 지난 날 부산의 심장이었다. 8.15 광복 무렵에는 일본으로 떠났던 동포들이 귀국선을 타고 조국 땅에 발을 딛었던 부두가 중앙동이었고, 6.25 전쟁 때는 피난열차를 타고 밀려드는 사람들로 몸살을 앓았고, 휴전 후에는 피난살이의 서러운 봇짐을 정리하여 서울로 돌아가는 귀향객들로 몸살을 앓았던 부산역이 중앙동에 있었다. 화재로 소실된 역사(驛舍)는 지금 다른 곳으로 옮겨졌지만 민족사적 애환이 앉아있는 부산의 중앙동은 지금 세월의 바람 따라 쇠락의 길을 걷고 있지 않는가. 과거의 화려함을 뒤로하고 세모(歲暮)의 스산함이 내리는 회색풍경을 창 너머로 내다보는 두 노객(老客)에게 따끈한 커피 '플랫 화이트'의 풍미는 계절이 지나가는 뜨락에 서리를 맞고 선 국화 향 같은 울림을 준다.

일류 호텔의 라운지에서 비싼 값을 치러야 하는 차 맛이라면 비싼 값에 대한 기대심리가 부풀어 있기 때문에 오늘 같이 조촐하고 정감 나는 커피 맛은 느끼지 못하리라는 얘기를 나누면서 J 박사와 나는 하얗게 웃었다.

하얀 종이 위에 떨어트린 색소 한 방울이 제 빛의 참값을 일러주듯이 수식 없는 하얀 마음 위에 내리는 작은 행복의 알뜰한 가치를 생각해 본다. 색소를 떨어트려 볼 종이조차 없는 무소유의 법문을 설(說)하고 가신 법정스님 얼굴이 눈앞을 지나간다.

# 친구학개론

밤 9시가 조금 지났다. 창밖 가로등 불빛에 예고 없이 내리는 눈발이 분분하다. 울리던 전화기를 드니 차분히 가라앉은 문 박사 특유의 목소리가 들린다. 1년여 만에 들어보는 반가움이다.

팔순(八旬)이 눈앞인지라 삶을 뒤돌아보며 지나온 발자국을 한 권의 책으로 정리하려한다는 것과 준비를 끝낸 원고가 지금 인쇄소에 대기 중인데, 자신의 삶을 곁에서 지켜 본 가까운 사람의 소회(所懷)를 책머리에 싣고 싶은 생각이 들어 전화를 걸었단다. 인쇄된 초본이라도 보내어 읽게 한 후에 격려의 글 한 줄을 부탁할까도 생각했지만 문 박사 자신의 삶을 누구보다 잘 알고 있는 내게 그 같은 구차스런 절차를 거쳐야 할 필요가 없을 것 같으니 자신의 글을 읽었다 셈치고 몇 자 적어 보내라는 명령(?)같은 부탁이 아닌가. 전화를 걸어온 자의 무례함도 별난 일이었거니와 전화를 받고서 오히려 밝은 마음으로 고개를 끄덕이었던 나의 표정 또한 흔치 않을 것이라, 이 묘한 두 사람의 관계를 어떻게 설명할 수 있을까? 이 밤, '우정'이라 표현된 인간관계의 함축된 의미가 전화기 속에서 오고가는 것을 느끼고 있다.

인간이 맺으면서 살아가는 '정(情)'의 실체는 무엇일까? 그것이 우정이건 애정이건 간에 때로는 역사의 흐름을 바꿔놓는 결과를 보아왔다. 1930년대, 영국여왕 엘리자베스 2세의 큰아버지인 에드워드 8세 왕은 빈곤층의 생활대책에 관심이 많았던 왕으로서 국민으로부터 존경을 받았던 분이셨다. 그러나 그가 사랑했던 미국 출신의 이혼녀 심슨 부인과의 결혼을 의회(議會)가 반대하였기에 '사랑하는 사람의 도움 없이는 왕으로서 하고자하는 책무를 수행할 수 없다'는 연설을 남기고 왕좌에서 물러나 자연인 윈저 공(公)으로 돌아가 여생을 조용히 살았다는 세기의 러브스토리는 지금도 회자되고 있지 않는가.

사상가들이 누천년을 두고 음미하고 있는 '정(情)'의 실체는 인간성의 신비로움으로 남겨두기로 하고 일 년여 만에 느닷없이 전화를 걸어와 원고를 부탁하는 친구의 염치없는 한마디가 외려 훈훈한 입김으로 남으니 이 같은 감정의 묘리(妙理)를 어떻게 설명해야한단 말인가.

십여 년 전에 쓴 시(詩) 한 수를 여기에 옮겨 본다.

**친구**

비 오는 날
모르는 사람에게
우산을 받쳐준 적 있는가?

그 작은 베품이
얼마나 자신을 여유롭게 하던가

비 오는 날
모르는 사람이 받쳐주는 우산을
써 본 적 있는가?
그 작은 고마움에
사람 사는
소박한 행복을 느껴보지 않았던가

귀하고 값진 건 아니지만
쓸 때는 요긴하고
쓰고 나서 잊어버려
부담 없는 우산

우산 같은 사람을
친구라 한다.

자신만이 알고 있는 자기 삶의 기록을 읽지 않고서도 짐작할 수 있는 타인을 품속에 지니고 있는 것이 문 박사의 믿음이듯이, 나 또한 그에 대하여 꼭 같은 믿음을 오롯하게 갖고 있으니 두 사람 사이에 내재된 정(情)을 '쓸 때는 요긴하고 쓰고나서 잊어버려 부담 없는 우산'같은 것이라 할 수 있을까?

따가운 비판으로부터 자신을 보호하기 위하여 마음속에 쌓아둔 벽을 허물고 스스로의 약점을 여과 없이 노출시켜도 괜찮을 친구가 과연 몇이나 될까? 눈송이 쌓이듯 지난 50년을 문 박사와 내가 쌓아왔던 갖가지 정(情)의 무게를 헤아리며 눈을 감아본다.

항간에서는 그를 일러 '성공한 개업의사'라 할 것이다. 틀린 말은 아니다. 남의 집 전세살이에서 시작한 동네 의원을 20년 만에 양방(洋方)과 한방(漢方)을 함께 갖춘 종합병원으로 키워냈으니 그는 분명 성공한 개업의사임에 틀림이 없다. 그러나 내 속에 비쳐지는 그의 삶에는 보통사람들이 상상하기 힘든 집념과 그 집념을 뒷받침하는 숨은 노력이 노을처럼 붉었으며, 그 노을 속에서 그는 늘 외로움에 떨고 있었다. 혼자만의 외로움을 형벌처럼 앓으면서도 그는 늘 세파와의 타협을 거부하는 수순(手順)을 밟아 오지 않았던가. 만약에 그가 세속의 인기나 유혹과 손을 잡고 약간의 땟자국을 묻히면서 살아가는 평범한 개업의사였더라면 그는 지금보다 한결 돈 많은 의사가 되었을 것이다. 그러나 그의 고집은 날개를 달고 화려하게 비상하는 것을 택하지 않고 필부(匹夫)의 보행(步行)을 통하여 자존을 지켜가는 평범한 의사의 삶을 살고 있는 것이다.

대개의 성공한 사람들은 신화속의 왕 '시지포스'의 굴레를 벗어나기 힘들어 한다. 그렇기에 왕으로서 누리던 호사로움에 매료되어 죽음을 거부했던 죄를 짓고, 바위를 산꼭대기까지 밀어 올려야하는 형벌을 살고 있는 신화속의 주인공이 되어가고 있다.

기득권을 포기하기 힘들어하는 시지포스의 탈을 담담하게 벗어던진 문 박사의 외로운 용기와 겸손 앞에 우정의 이름으로 갈채를 보내는 기쁨이 적잖다.

50년 전 그날, 우정의 게임을 시작하면서 마음속 화덕에 묻었던 몇 쪽의 고구마가 지금은 노릇노릇 익었다. 오늘같이 눈이 내리는 밤에 고소한 그 맛을 지그시 씹으며 어제를 회고하는 나만의 미소를 혼자 즐겨본다.

# 팔순 소년의 여정(旅程)

## - 넬슨 만델라를 생각하며

나는 요즘 지구촌 제일의 국가라고 불리우는 미국사회에서 유색인종, 그중에서도 아시아인에 대한 테러행위가 자행되고 있다는 기사를 읽으며 때 늦은 자유의 의미를 생각해 보게 된다. 미국 독립 100주년을 기념하여 뉴욕 항에 세워진 자유의 여신상이 대서양을 향하여 자유의 횃불을 높이 들기 140년이 다 됐는데 아직도 피부 색깔을 차등하고 있는 문화적 갈등의 현주소는 어디쯤일까?

1863년 1월 1일은 인권운동사(人權運動史)에 큰 획을 그은 날이었다. 링컨대통령은 백악관 집무실에서 노예해방을 선언했던 그 순간이야말로 자신의 일생을 통하여 가장 옳은 일을 했던 때였고, 서명을 하면서 그의 손은 심한 긴장으로 떨리고 있었다고 훗날 고백하였다.

돌이켜보면 '노예해방' 그것은 인권운동의 시작에 불과했다. 농사를 주업으로 살았던 남쪽지방 사람들은 흑인노예가 없는 농사를 생각할 수도 없었기에 노예해방을 극렬히 반대하였고 마침내는 남북전쟁으로 이어지게 되니, 4년 동안 미국역사상 가장 많은 군인과 국력을 소모했던 아픈 역사로 남아있다.

링컨의 손에서 시작된 흑인의 인권운동은 대서양을 건너 아프리카에까지 번졌고, 20세기에 들어와서 남아공화국의 넬슨 만델라라는 걸출한 인권운동가를 탄생시키게 된다.

흑인의 사회 참여를 법률로써 배격하고 있었던 남아공화국의 뿌리 깊은 제도를 타파함으로써 지구상에 남아 있는 마지막 흑인의 굴레를 벗겨낸 만델라의 삶은 청년운동, 법률투쟁, 비폭력 저항을 계속하면서 27년간 감옥살이 끝에 협상과 설득으로 얻어낸 인권운동의 해맑은 꽃이었다. 링컨이 노예해방을 선언한 지 130년 만에 남아공화국에서 흑인 대통령이 선출되는 쾌거를 보게 됐고, 그로부터 15년 후에 미국에서도 버락 오바마라는 흑인 대통령이 탄생하게 된다.

링컨의 도전은 남북전쟁이라는 엄청난 희생을 치르고 얻어낸 명분의 승리였다면 만델라의 그것은 비폭력을 전제로 한 투쟁과 설득으로 얻어진 고독한 인내의 승리였다. 버락 오바마는 지구촌의 최고 국가인 미합중국의 대통령으로 피선됨으로서 앞서간 두 선배의 귀한 승리를 열매로 수확한 인권해방의 종결자였다고 할까.

만델라의 저서 '자유를 향한 머나먼 여정 Long Walk to Freedom'에 점철되어 있는 꿈을 향한 그의 집념과 지칠 줄 모르는 열정을 대하고보면 절로 머리가 숙여진다. 전통적, 제도적으로 차별화된 생활여건 속에서 흑·백이 동등한 대우를 받는 사회를 만들고자 함은 감히 생각할 수조차 없는 일이었었다. 그러나 꿈속에서 하늘을 나는 소년처럼 그는 불가능을 꿈으로 간직하였고 어느 세월의 굽이에서 그 꿈을 현실로 만들어 냈던 것이다. 그러기에 나는 만델라가 이룩한 업적보다 그가 품었던 꿈과 그 꿈을 향해 목숨을 걸었던 그의 천진한 소년다움을 더 존경한다.

진솔함이야말로 가장 설득력 있는 표현이라고들 한다. 그러나 당당하게 진솔할 수 있다는 것은 범속(凡俗)한 용기로서는 이루기 힘든 일이다. 만델라는 80회 생일을 맞아 오랜 여자 친구와의 결혼을 발표하면서 '이 여인으로 하여 내 말년의 인생이 꽃처럼 피어나고 있다'며 수줍어하는 소년이었고, 온 세계는 이 팔순 소년을 향하여 아낌없는 박수를 보내지 않았던가.

향년 95세로 만델라는 떠났다. 그는 가고 없어도 그가 겪었던 고난의 세월과 그가 이룩한 맑은 평화는 인류역사에 지워지지 않을 귀한 자국으로 남아 있기에 우리는 그 여운을 지금도 호흡하고 있다. 그러나 '자유와 희망, 겸손과 인내를 삶으로 보여준 사람' 만델라의 여정(旅程)은 갈 길 먼 미완성의 목표임을 이즈음 다시 확인하게 된다. 흑인 오바마의 대통령 당선으로 흑백의 차별은 역사 속에 사라졌다고 생각했던 것은 스쳐지나간 착각이었다. 아직도 미국사회에 잔존하고 있는 '아시아인에 대한 까닭모를 폭력'은 갈 길 먼 또 다른 이정표를 제시하고 있으니까.

'어떻게 사는 것이 행복한 삶일까'라는 인류의 영원한 숙제 앞에서 삶의 마지막 날까지 꽃밭을 일구던 팔순 소년 만델라의 끝 모를 여정(旅程)을 생각하면 맥이 빠져가는 나의 팔다리에 다시 힘이 불뚝 솟아나고 있음을 느낀다.

# 흙색

봄은 힘의 계절이요, 가을은 색의 계절이다.

어둡고 길었던 겨울잠에서 깨어나 동토를 뚫고 뾰족이 고개를 드는 새싹을 보면서 사람들은 형언할 수 없는 힘의 신비를 느낀다. 그러나 가을은 다르다. 산과 들이 온통 거대한 용광로가 되어 오색의 꽃불을 활활 뿜어내는 것을 지켜보면서 신이 그려가는 아름다운 수채화에 넋을 잃게 되니, 가을을 일러 색의 계절이라 하지 않는가.

나에게 색의 멋을 전해 준 잊을 수 없는 감동은 희방사의 단풍이었다. 단풍 색상의 아름다움을 말할 때, 비단 폭을 걸어놓은 듯한 조화로움을 으뜸이라 한다. 그러나 희방사의 그것은 눈앞에서 타고 있는 장중한 몸부림의 불꽃이었다. 그것은 색깔의 태풍이었다. 황갈색, 홍갈색, 다갈색, 회갈색 등등 갈색을 바탕으로 깔고 육중한 몸짓으로 밀어닥치는 성난 파도의 위압에 나는 한동안 말을 잃고 멍하였다. 그리고는 나도 모르게 하복부에서 솟아나는 외마디 절규를 '아-'하고 쏟아내었다. 바다에 빠져 허우적거리듯 단풍의 파도를 뒤집어쓰고 품안으로 파고드는 색상의 파노라마에 숨 막혀 했던 그날의 기억에 지금도 여운이 남아있다.

색상은 의외로 가까운 곳에서 우리에게 감동을 준다. 회색으로 질척거리는 도회의 정서 때문일까, 은행나무 가로수 잎에서 울어나는 화려한 변신을 마주칠 무렵이면 누구나 해마다 보는 아름다움 앞에서 해마다 황홀해지는 자신을 발견하곤 한다. 그것은 단순한 노랑이 아니라 생명의 마지막 한 방울까지 다 쏟아 붓는 혼백의 목마름이기에 그냥 밟고 지나가기가 힘들다고 한다면 감정의 사치라 할 것인가?

나무마다 개성을 달리하는 단풍의 축제를 끝내고나면 그들의 출발이 어떠하였든, 과정이 어떠하였든 간에 한결같이 돌아가 흙의 품에 안긴다. 떠나간 자식들이 혹은 성공하고 혹은 실패하더라도 돌아오면 꼭 같은 자식으로 품어주는 어미이기에 누구나 그 여인을 영원한 고향으로 지니고 산다. 흙 속에서 발아한 생명이기에 한 생애를 마치고 원점으로 다시 오는 것은 식물뿐만 아니라 살아있는 모든 생명체에 적용되는 귀소의 섭리가 아닐까한다.

사람들은 각자의 기호에 따라 좋아하는 색상이 다르다. 색깔들도 서로 간에 조화가 잘 이루어지는 것도, 그렇지 못한 것도 있다. 비싼 값을 치른 유명 브랜드의 옷이나 핸드백 혹은 넥타이가 사람의 얼굴이나 입은 옷의 색상과 조화를 이루지 못 할 경우 세계적 명품들도 뒷골목의 싸구려 물건만 같지 못하게 전락되는 아픔을 겪어야한다.

요란스런 꽃으로 봄을 치장하는 산천을 보자. 단풍으로 불을 질러 산을 태우는 가을 멋을 보자. 그 어디에 균형이나 조화의 어색함이 있던가. 자칫 잘못하면 어색하게 느껴지는 인위적 색깔 배합의 어려움에도 불구하고 풀과 나무와 돌들은 저들 간에 아무런 의논도 없이 제 마음대로 피워보는 색상들이라도 서로 간에 그토록 멋진 조화를 이루어내는 데서 우리는 신의 존재를 인정해야 하는 것인가?

생각을 몇 번 뒤집어보면 자연이라고 하는 바탕 위에 신이 그려가는 채색의 묘리, 그 한가운데 흙이 들어 있음을 찾기란 결코 어려운 일이 아닐 성 싶다. 흙과 풀, 흙과 나무, 흙과 꽃, 흙과 돌, 어느 것 하나 조화롭지 않은 것이 없음은 흙이 곧 모든 색의 정신적 원점이기 때문이라 생각해 본다. 남녀가 유별해도 어머니 앞에서는 자식으로 조화로워 지듯이, 흙이라는 매체를 통하여 자연의 모든 색상은 서로 간에 끈끈한 생명으로 이어지는 조화의 묘가 생겨나는 것이니 흙은 곧 만물의 고향이요, 흙은 곧 어머니의 색깔임을 누가 부정하겠는가.

봄을 일러주는 청매화의 알 듯 말 듯한 푸름, 꺼질 듯 여리게 피어나는 오월의 신록, 소나기 지나간 감나무 가지에 익고 있는 풋감, 갓 피어 윤기 나는 억새, 들녘의 벼 누름, 서리 앉은 겨울 산 빛과 나목에 핀 눈꽃, 어느 것 하나라도 멋스럽지 않는 색상이 있을까마는 모두가 잠깐 스쳐 지나가는 신기루일 뿐, 마침내 돌아가 정착하는 곳에는 흙색의 포근함이 기다리고 있는 것이다.

나이 들어갈수록 흙색에 더욱 친근감을 갖게 되는 이유를 이제야 알 듯도 하다. 지금쯤 고향집 토담 위엔 황토 빛 능소화가 피어 있겠지? 툇마루 서까래에 걸어둔 강냉이 씨처럼 말라가는 어머니의 얼굴에는 지는 햇살이 맑은 황토 빛으로 흐르고, 잔잔한 미소엔 낙엽 삭는 흙냄새가 한결 진해지고 있겠지.

# 6. 자화상

# 고래고기

6.25전쟁이 터졌다. 학교를 미군(美軍)에게 내어준 꼬맹이들은 길거리로 나왔다. 담임선생님의 손길이 산을 가리키면 산에 올라 소나무 그늘에서 공부를 하였고 선생님의 발길이 방파제에 머물면 파도소리 들리는 뙤약볕 아래가 교실이 되곤 했다. 천막으로 만들어진 간이 교실이 생기기 전까지는 사람의 발길이 뜸한 곳이면 어느 길모퉁이에라도 퍼질러 앉아 무릎 위에다 책을 펼쳐놓고 동냥하듯이 공부했던 우리들에겐 비가 오는 날이 제일 좋았다. 출석만 부르고 집으로 돌아올 수 있었으니까. 그래서일까, 어려움을 함께했던 초등학교 친구들에게서는 한마디로 표현할 수 없는 끈끈함이 묻어나고, 팔순의 나이에도 봄가을엔 빠짐없이 만나서 까맣게 때 묻은 세월의 회포를 풀곤 한다.

올 봄 동창회엔 스무 명 남짓이 모여 전세 버스를 타고 울산의 장생포 항으로 고래고기를 먹으러 갔다. 고래고기는 그 옛날 길거리 공부를 하던 시절의 꼬마들에겐 잊을 수 없는 먹거리였으니까.

전쟁준비가 부족했던 한국군은 연전연패, 서울을 북한군에게 뺐기고 임시수도가 된 부산은 밀려드는 피난민들로 몸살을 앓으며 산꼭대기에까지 판잣집을 지어야 했던 생존의 막다른 골목이었다. 생필품과 먹거리를 찾아 나선 사람들이 모여드는 곳은 어디라 할 것 없이 장터가 되어 수요와 공급은 균형을 이루었다. 아이들 머리통만한 크기의 고래고기 덩어리를 다라이에 담고 도마와 식칼로 무장한 고래고기 아줌마가 등장하게 된다. 소고기와 돼지고기는 비싼 그림의 떡이었기에 서민의 식탁에 기름기를 보충해 주는 값싼 고래고기가 인기를 모았고, 막걸리 한 주발 들이키고 고래고기 수육 몇 점을 소금에 찍어 먹는 것으로 노동자들은 끼니를 대신했다. 거리를 오가며 고래 고기 수육을 맛있게 먹는 어른들을 지켜보는 꼬마들의 입 안엔 침이 흥건히 고이곤 했다.

그 고래고기가 지금은 소고기 보다 몇 갑절 비싼 황제의 자리에 올라있다. 오늘 우리가 장생포를 찾아가는 것은 격상된 황제의 모습을 보려 함이 아니라 세월의 주름살 속에 잠들어 있는 옛날의 그 맛, 그 특유의 냄새로 더불어 흙먼지 속에서 꿈을 키웠던 소년소녀의 모습을 찾아보려 함이리라.

지난날 고래잡이의 고향으로 불렸던 장생포는 언제부터인가 공업도시 울산의 외항이 되어, 공단으로 반입되는 원료나 부자재의 통로가 되어 있다. 화물을 하역하고 수송하는 중기와 트럭의 육중한 움직임이 산업화의 무게로 다가서는 한길 가에 조촐한 고래고기 식당 몇 곳이 숨을 쉬고 있다. 포경어업은 사라졌으나 아련히 스쳐간 고래의 호방한 이미지와 고래고기 특유의 맛을 찾는 미식가들을 기다리며 고래 맛집들은 소박하면서도 초라하지 않는 제 나름의 자존심은 살려가고 있는 것 같았다.

'허만 멜빌'은 그의 명작 '모비 딕'에서 고래에게 한 쪽 다리를 잃고 분노와 증오로 살아가는 인간의 집념을 생생하게 그려간다. 복수만이 삶의 목표가 되어버린 에이하브 선장에게 있어 고래는 죽이지 않으면 안 되는 절대부정의 대상이다. 그러나 장생포 사람들과 어우러진 고래의 의미는 바다사람들의 생존을 이어주며 긴 세월을 함께 해가는 긍정적 친구가 되어 있다.

그런데 장생포 고래잡이에 문제가 생겼다. 무분별한 남획을 막고, 고래 자원의 보존을 위해서 상업적 포경은 전면 금지되고, 고래의 생태연구를 위한 실험용으로 소량만을 포획할 수 있게 된 것이다. 연구목적이라는 변태된 탈을 쓰고 상당한 양의 고래고기가 미식가의 식탁에 오르는 왜곡된 먹거리시장이

당분간은 이뤄질 성 싶다.

컴퓨터의 발달과 더불어 존재하는 모든 것은 문자나 숫자의 틀에 갇혀버린 인질이다. 그렇기에 논리에 묶여있지 않은 상상의 세계, 그 상상이 만들어 갈 신비로움이 첫사랑처럼 그리워진다. 고래도 인간에게 친숙하지 않은 신비로운 동물 중의 하나로 살아갈 것이다. 6.25전란 때 홀연히 나타나 서민의 입맛을 잡아주던 그날의 친근함을 두고 지금은 멀리 떠나려하는 고래, 추억 속의 그 친구를 만나고 돌아서는 팔십 노인들의 얼굴엔 아이 같은 하얀 웃음이 고이고 있었다.

# 귀소(歸巢)의 노래

나이 70의 노신사들이 80대 중반의 스승을 찾아뵙기로 한 날이다.

새로 지은 자갈치 시장의 2층, 남창으로 훤하게 트인 바다를 반가운 눈길로 지켜보는 열대여섯 명의 노객들, 1957년 B고등학교 3학년이었던 이들이 50년이 훨씬 넘어서 담임선생님을 찾아 온 것이다.

'머릿속에 들어있는 사랑을 가슴까지 끌어내리는데 70년이 걸렸다'시던 고 김수환 추기경님의 말씀이 떠오른다. 좋은 학교 나와서 좋은 직업을 가졌었고 남들로부터 선망의 시선을 받고 살아온 사람들이건만 은사(恩師)를 찾아보는 일에는 어찌 그리도 무심했던 것일까?

부산에 거주하는 약간 명과 서울서 살고 있는 10여 명이 제 나름의 틈을 빌어 졸업 후 반세기가 넘어서야 은사를 뵙게 된다는 가벼운 흥분이 좌중을 감싼다..

그 옛날엔 그토록 크게 느껴졌던 스승과 제자간의 연륜의 폭이 오늘 이 자리에서는 너무도 좁게 보여 사제가 함께 어우러져도 외관으로 두드러진 차이를 느낄 수 없을 뿐 아니라 어느 쪽도 세월의 무게에 시달리지 않은 듯 건장한 모습이니 축복받은 한 폭의 그림이라 해 두자.

"선생님! 선생님께서 직접 편찬하셨던 영어 교재에 실렸던 문장들, 너무도 감동적이었던 그 글들이 그리워집니다. 그 책 지금도 구할 수 있습니까?"

"음-그래, 그때 편집했던 책을 지금 갖고 있지는 않지만 그것들은 모두 quotation dictionary(인용문 사전)에서 찾아낸 것이었어. 좋은 글들을 모아서 자네들에게 읽히려고 새벽까지 여러 책들을 뒤지곤 했었지. 영문학사(英文學史)에 길이 남을 글귀들을 모았던 것이고 자네들이 그 글들의 깊이를 소화할 수 있었기에 감명을 받았던 거지."

멋지게 가르쳐 보려던 젊은 스승의 열정과 그 열정을 소화할 수 있었던 학생의 감수성이 반세기가 지나서도 퇴색하지 않고 살아 숨 쉬는 밝은 대화였다.

입심 좋은 A가 말문을 열었다.

"선생님! 저는 농부의 아들로 태어난 촌놈인데 선생님께서 저더러 기자(記者)가 되는 것이 좋겠다고 하시기에 우리나라에선 처음으로 개설된 J대학의 신문방송학과로 가지 않았겠습니까. 고3 때 제 성적은 우리 반에서 40등이었는데 대학에 가서 첫 학기부터 졸업 때까지 계속 수석을 했더니 총장께서 불러 칭찬해 주셨습니다. 어느 고등학교를 나왔느냐고 물으시기에 B 고등학교라고 자랑스레 대답했습니다."

익살이 담겨진 표현이었지만 열정을 다해 이끌어 주셨던 스승에 대한 감사의 정이 묻어나고 있었다.

"기자는 거짓을 말하지 않습니다. 저는 신문기자라는 직업에 만족하며 살았습니다. 언론인 상도 받았고 훈장도 받았습니다. 내가 죽으면 내 영정 앞에 그 언론인 상장과 훈장과 기자로서의 내 길을 함께해 온 카메라를 놓아두라고 아이들에게 일렀습니다."

그의 너스레 속에는 열심히 살아온 자신의 회고록을 스승께 읽어드리는 늙은 학생의 숙연함도 들어있는 것 같았다.

영문학 교수로 정년을 마친 제자도 좌중에 앉아 있으니 50년 전 고등학교 영어교사였던 스승의 식견에 압도당할 까닭이야 없다할 것이나 오늘따라 스승이 더 높고 크게 보이는 것은 단순히 스승에 대한 예의 때문만은 아니리라 싶다. 그 옛날 그토록 높게 뵈던 스승을 그 자리에 그대로 모셔 둠으로써 더러는 자신이 왜소해지고 외로워질 때 정신적으로 의지할 수 있는 상징적 존재로 받들고 싶은 자위적 본능 때문이었는지도 모른다. 스승이란 말의 개념이 바로 그런 것일 성 싶다.

스승도 취하고 제자도 취했다. 스승은 훌륭하게 성장해준 제자들, 제 나름의 한 소리를 내면서 한 시대를 살아왔었고, 지금은 일선에서 물러나 숨 가쁘게 달려 온 발자국을 고르면서 틈을 내어 스승을 찾아준 제자들의 회백색 머리칼에 묻은 삶의 메아리에 취했고, 제자들은 물씬거리는 고향바다 냄새와 정정하신 은사의 모습 속에서 배어나는 그 옛날의 추억에 취하고 있었다.

늙은 학생들의 해묵은 체증(滯症)이 조금은 뚫어져 내렸다. 변해버린 부산의 시가지를 둘러보고 싶어 광복동 남포동의 인파 속을 걸었다. 어둠이 내리는 것도 잊고 잔잔히 밀려드는 추억의 물결에 젖어보는 발걸음은 가볍고 편안하니 이런 느낌을 귀소(歸巢)의 평온이라 하는 걸까?

아침 일찍 나왔던 집으로 돌아가는 시간이다. 서울행 KTX를 타려고 부산역 광장을 걷고 있는 늙은 학생들의 머리 위로 달빛이 하얗게 흘러내렸다. 도연명(陶淵明)이 관직을 벗고 고향에 돌아와 서투른 농사꾼으로 살았어도 그 시절의 마음자리가 가장 평안했었다던 글귀가 떠오른다.

侵晨理荒穢 帶月荷鋤歸

이른 아침부터 잡초를 매다가 달빛 벗하여 호미 메고 돌아간다.

# 맥문동(麥門冬) 예찬(禮讚)

'청초(淸楚)하다'의 사전적 의미를 찾아본다. '화려하지 않으면서 맑고 깨끗한 아름다움을 지니고 있다'라 되어 있다.

서양적 아름다움은 얼마나 화려한가에 높은 값을 치루는 편이나 동양적 미(美)는 내재된 청초함에 귀한 값을 주는 것이 동서양 감미(鑑美)의 차이점이라 할까?

청초한 분위기를 느끼게 하는 꽃 중에서 으뜸은 난(蘭)과 맥문동(麥門冬)이라는 게 나의 생각이다. 난에서는 귀공자의 고독과 연약함이 묻어나지만 맥문동에서는 맑은 품격에 찰진 생명력이 돋보여서 좋다. 어릴 땐 맥문동을 난의 일종으로 생각했었다. 그러나 난을 키워 보면서 손이 많이 가야 제 구실을 하는 난 특유의 까다로운 품성을 알게 되고, 외형상으로만 비슷

할 뿐 난과는 전혀 다른 맥문동의 소박한 정서에 점차 매료되고 있다.

맥문동은 여름 꽃이다. 지역에 따라 약간의 차이가 있지만 더위가 본격적으로 위력을 발산하는 7월에 개화(開花)하여 여름 한 철을 화려하게 살다가 더위가 풀이 죽는 8월 말에 산화(散花)한다. 꽃이 진 자리에는 열매가 달리는데 영양상태가 좋을 경우엔 콩알만한 흑보랏빛 구슬이 흑진주(黑眞珠)처럼 영롱(玲瓏)함을 자랑하니 이 또한 볼 만한 멋거리다.

숨이 턱턱 막히는 한 여름의 뙤약볕 아래서 단 일 분을 서서 견디기가 힘들어 그늘을 찾아야 할 바로 그 때, 맥문동의 여유로운 자태에 시선이 간다면 아! 하는 탄성이 나올 수밖에 없는 안식과 평온이 거기 있음을 알게 되리라. 생기가 도는 잎에는 윤기마저 감돌고 곧추선 꽃대에는 연보랏빛 자잘한 꽃들이 한 뼘 정도의 길이로 다닥다닥 붙어 고개를 치켜들고 햇살 아래 도열하여 뽀얗게 흘리는 웃음은 보기만 해도 시원하다. 화려함과는 거리가 먼 절제된 연보랏빛 소담함이고 보면 친정 나들이 와서 찬물에 손을 씻고 있는 누나의 예쁜 얼굴을 보는 것이 아니던가.

볕살이 너무 따가운 한여름엔 피는 꽃도 많지 않다. 고작해서 무궁화, 능소화, 백일홍, 원추리꽃, 해바라기 정도가 제 나름의 멋을 발산한다. 그러나 이들은 더위와의 싸움에서 지치지 않으려고 애쓰는 듯한 표정이라, 그 품새가 한편으로는 고맙고 한편으로는 안쓰럽게 느껴지기도 한다. 그러나 맥문동의 경우는 완연히 다른 무대를 연출한다. 휘어진 이파리 위로 쭉 뻗어 올라선 꽃대의 싱싱함은 더위와 힘겨루기를 하는 게 아니라 더위는 더위대로 놀고 나는 나대로의 길을 가는 것이니 서로 상관 말자는 초연(超然)의 의지를 보여주는 것 같다. 그렇기에 손수건으로 땀을 닦다가 문득 바라 본 맥문동의 맑고 곧은 품격에서 나는 참된 승리자의 고고(孤高)를 느껴 본 적이 한두 번이 아니다.

생명 있는 모든 것의 탄생은 축복이기에 어릴 때는 청순하고 아름답다. 그러나 사라져가는 뒷모습은 노추(老醜)를 보여주기 마련이다. 화려함의 정상(頂上)에 있는 장미꽃의 지는 모습은 눈물겹도록 안타깝고 초라하지 않던가. 세상의 우아함과 청순함을 다 모은 듯한 백목련 꽃봉오리의 지는 모습은 외면하고 싶도록 지저분하지 않던가. 봄 산을 불 태우는 철쭉도 그 지는 모습에서야 노추(老醜) 슬픔을 남길 뿐인데, 맥문동만은 어느 잎사귀 하나 진딧물에 오염되는 법 없고, 어느 꽃술 하나, 열매 한 알마저도 변색하거나 퇴락하는 뒷모습을 보이지 않으니 이야말로 청초(淸楚)함의 정수(精髓)가 아니던가.

혹자(或者)는 맥문동의 겨울 모습이 보기 흉하다고들 한다.

맞는 말이다. 영하로 기온이 떨어지면 맥문동은 풀이 죽는다. 난(蘭)의 경우처럼 안방이나 거실이 아닌, 그렇다고 온실에서도 아닌 영하의 동토(凍土)에서 여름철의 싱싱함을 그대로 보존할 수 있다면 그건 생명이 없는 플라스틱 꽃이 아니겠는가.

살아있는 생명이기에 한기(寒氣)에 풀이 죽어 땅바닥에 누어버리는 맥문동이야말로 상록(常綠)의 다년생 꽃나무들 중에서 가장 두드러지게 겨울을 타는 꽃나무일 것이다. 그러나 기진맥진하게 보이는 외형에도 불구하고 질곡(桎梏)의 시간을 보낼 뿐 결코 생명의 끈을 놓지 않으니 보는 이로 하여금 연민의 정을 느끼게 한다. 동장군(冬將軍)이 물러가고 입춘 향이 돌기 시작하면 누웠던 맥문동은 흙먼지를 털고 일어난다. 흥망성쇠의 민족사(民族史) 속에서 영광보다는 치욕의 그늘이 더 많았던 한(韓)민족의 어제를 일러주고 있는 것 같아 풀죽어 누어버린 맥문동을 볼 때면 정원가위나 낫으로 잎을 잘라주라 권하고 싶다. 잎들이 모두 잘려 나가도 손가락 한마디의 땅속 깊이에 여린 뿌리를 묻고서 봄을 기다리는 맥문동의 의지 또한 우리민족성의 표상인 은근과 끈기 바로 그것이 아닐까 생각해본다.

가락국(駕洛國)의 시조(始祖) 김수로왕은 인도 아유타국의 공주 허씨를 왕후로 맞았다고 전해진다. 맥문동도 어느 먼 옛날 남국의 왕녀가 아니었을까? 어떤 인연으로 한반도에 발을 딛었을까? 누(累) 만년을 두고 조국에 대한 그리움과 홀로된 외로움을 참고 견딘 수행(修行)의 결실이 청초(淸楚)로 나타난 것이던가?

더위가 심할수록 생기가 더하고 멋스러워지는 흙 속의 진주, 겸손과 끈기가 꽃말인 맥문동을 지켜보면서 하릴없이 불타고 있는 7월과 마주앉아 한거(閑居)의 게으름을 즐기고 있다.

# 밴드마스터가 된 교수

B는 정년이 되어 체육대학 교수로서의 긴 여정을 접더니 근자에는 색소폰 불기에 깊이 빠져들고 있다.

그는 고등학교 때부터 취주악부에 들어가 여러 가지 악기를 만져보는 일에 남다른 흥미를 느끼곤 했었는데 대학에서의 정년을 2년여 앞두고는 퇴임 후의 소일거리로 색소폰에 손을 대기 시작하였다. 한 번 뜻을 두면 끝장을 보는 성격인지라 퇴임 후엔 본격적으로 색소폰에 열을 쏟았다. 우선 시내에 있는 아파트를 팔아 한적한 교외의 저렴한 아파트로 옮기고 여유자금으로는 나팔을 마음껏 불어도 이웃에 방해가 되지 않을 자기만의 연습실을 마련하였다. 별난 볼일이 없고서야 그는 골방 연습실에 틀어박혀 나팔과 씨름하기 5년여에 이르니 이제는 누가 들어도 그가 내는 소리가 신출내기의 그것은 아닌 듯한 정감이 든다.

친구들의 모임이 있을 때면 그는 색소폰을 들고 나와서 흘러간 추억의 멜로디를 들려주곤 하는 것이 내정된 순서가 되어버렸다.

'B 교수는 멋쟁이야'

'만년의 소일거리로는 최고의 선택이야'

모두들 B를 부러워하는 말들을 쏟아놓는다. 어쩌다 그의 손에 악기가 들려있지 않을 때면 오히려 서운해 하는 친구도 있다.

B와 둘이 있을 때 나는 그를 나팔쟁이라 부르고, 그렇게 불리어지는 것을 그도 싫어하지 않는다. 그런데 B가 나팔쟁이로서의 엉뚱한 꿈을 갖고 있음을 알았을 때 적이 놀랐고 인간 속에 내재되어 있는 묘한 도전의식을 새삼 확인할 수 있었다. B의 속셈은 색소폰 연주자로서 밤무대에 서고 싶어하는 것이었다. 밤무대에 서는 일을 직업으로 갖자는 것이 아니라 죽자고 연습한 자기 솜씨가 어디만큼 가 있는지를 스스로 확인하고 싶은 강한 충동이 그의 내면에 일고 있었던 것이다.

밤무대에 서게 된다면 수십 년간 대학에서 길러낸 많은 제자들의 눈을 피해야 하는 난관이 있지만 가발과 안경과 콧수염 등으로 변장하면 될 수 있으리라 믿었다. 그러나 누가 아마추어 나팔꾼을 프로의 무대에 올려 주겠느냐는 것이 숙제라 했다. 만약 밤무대에 나서게 되는 경우에는 실수를 하여도 남의 이목이 쏠리지 않을 구석 자리에 앉고 싶다는 뜻까지를 밝히는 것으로 미루어 밤무대를 향한 그의 열망이 어느 정도인지를 짐작할 수 있었다.

오랜만에 B를 만나 점심을 함께하고 돌아나오는 길에 식당 골목 입구에 세워진 도장(圖章)방 간판이 눈에 들어왔다. 목도장 하나를 새길 일이 있어 B와 함께 도장포 안으로 들어갔다. 머리칼은 희끗희끗 했으나 얼굴나이는 그리 많아 보이지 않는 중늙은이가 돋보기 너머로 도장을 열심히 새기고 있다가 고개를 들어 손님을 맞는다.

한글로 목도장 하나를 파는 데 10여분이면 된단다. 주인만큼이나 낡아 뵈는 의자에 걸터앉아 B가 담배 한 가치를 막 피워 무는데 누군가가 가게 문을 밀고 들어온다. 나이는 서른 살 정도로 보이고, 슬리퍼를 끌고 헐렁한 훈련복 차림에다 가슴 앞 지퍼를 반쯤은 열어놓고 있는 품새로 미루어 손님은 아님이 분명하고 이 집의 가족이거나 이웃사촌쯤으로 여겨진다. 훈련복의 등에 xxx태권도장이라 씌어있고 체격도 날렵해 뵈는 게 주먹깨나 쓸 듯한 느낌이다.

이 젊은이가 B를 향해 몇 번인가 시선을 주더니만 고개를 갸우뚱거리면서 말을 걸어온다.

"어디서 많이 뵈었는데 생각이 잘 안 납니다. 혹시 저를 모르겠습니까?"

"모르겠는데요"

B의 얼굴 한 번 쳐다보고 내 얼굴도 쳐다보고 고개를 갸우뚱거리기를 몇 번이고 되풀이 하면서 그는 혼자 중얼거린다.

"분명히 눈에 익은 얼굴인데 왜 이리 기억이 안 날까."

나는 확신이 선다. 그는 분명히 D대학 체육과 출신으로 B의 제자일 것이라는 걸. 그리고 스승과 제자의 관계가 어떻게 밝혀질 지가 퍽도 궁금해진다.

다시 한 번 B를 빤히 쳐다보던 그는 소리를 지른다.

"아! 이제 생각이 난다. 아저씨는 xxx 나이트클럽의 밴드마스터다. 맞죠?"

B도 나도 말문이 막혔다. 몇 초간의 침묵이 흐른 후 B는 입을 연다.

"아닌데요"

"아니라고요, 아- 이상하네."

이번에는 B가 화살을 쏠 차례

"실례지만 어느 학교 나왔습니까?"

"D대학인데요"

"체육대학입니까?"

"예"

그 순간 B의 표정이 굳어버리는 것을 나는 놓치지 않았다.

B는 천천히 자리에서 일어서더니 젊은이 앞으로 바짝 다가섰고 두 사람의 시선이 마주치자

"차렷!"

B의 입에서 나온 날카로운 비수다.

반사적으로 젊은이는 벌떡 일어선다. 그 순간 B의 주먹이 젊은이의 아랫배에 사정없이 꽂힌다.

"으윽! 교수님 죄송합니다."

B의 주먹 한 방이 말보다 빠르게 사제(師弟)간의 잃어버린 시간을 되돌려 준 것이다.

"교수님 몰라 봐서 정말 죄송합니다."

도장을 새기던 손을 멈추고 이 광경을 바라보던 늙은이도 한 마디를 보탠다.

"그 놈 맞아도 싸다."

젊은이가 교수를 못 알아 본 것도 무리는 아닌 것이, 정년퇴임 후 7, 8년이 지났고, B는 그날따라 점퍼 차림에 모자까지 눌러썼으니 젊은이가 학생이던 시절에 만능 스포츠맨이던 B교수의 날렵함을 몰라본 것도 있을 수 있는 일이 아니었을까.

체육을 전공한 교수와 학생이 아니었더라면 오늘 같은 일이 또 있었을까? 지난날의 교수를 알아보지 못했다는 이유로 매를 맞을 젊은이가 있을까? 게임이 끝난 뒤에도 스포츠맨이기를 포기하지 않는 체육인의 긍정적인 자세가 돋보이는 장면이었다.

나이 70대가 된 B의 내부에 그토록 뜨거운 열정이 살아 있을 줄은 몰랐다. 그건 단순한 열정이 아니라 제자에 대한 기대를 버리지 않는 스승의 애정이었고, 주먹다짐으로 표현된 스승의 애정을 말보다 더 빨리 알아챈 제자의 순수성이었다. '한 번 해병은 영원한 해병'이란 말뜻이 새삼스러워졌다.

도장방을 나오면서 B는 중얼거렸다.

"저 놈이 하필이면 왜 밴드마스터로 나를 취직시켜 주나"

나도 중얼거렸다.

"참으로 좋은 제자를 두었구먼. 밤무대의 구석 자리에라도 서고 싶어하는 스승을 밴드마스터로 승격시켜 줬으니 제자 덕에 소원성취 했구먼."

B도 웃고 나도 웃었다.

# 사진 속의 얼굴

사진작가 B씨가 봉투 하나를 건네주고 갔다. 며칠 전에 찍은 내 사진이 들어있다고 하며.

봉투 속의 사진을 꺼내드는 순간 나는 눈을 의심하였다. 사진 속의 인물은 내가 아니었다. 나를 닮긴 했어도 나보다 10년은 족히 연상으로 보이는 노장(老丈)이 아닌가. 매일같이 세수하고 면도하면서 보아오는 내 얼굴이야 나보다 익히 아는 사람이 없을 터인즉 사진 속의 인물은 나라고 하기엔 너무도 나이 들어버린 생경한 모습이다.

'아뿔싸' 가슴이 철렁 내려앉는 당혹감과 함께 아끼던 물건이 없어진 듯, 깊이 간직했던 비밀이 탄로난 듯한 허전함이 밀려들었다. 설렁해진 가슴속으로 바람 한줄기 불어 마지막 남은 나뭇잎을 훑어 지나가는 소리가 들린다.

매일 보는 거울 속의 얼굴은 애정과 이해의 선입견을 가지고 바라보는 것이니 편견이 개입되어 있을 것이고, 카메라 렌즈가 포착한 얼굴은 물리적 현상을 있는 그대로 판독한 객관적인 결과일 것이다. 사진 속의 얼굴이 남의 눈에 비치는 나의 참모습이라면 나는 매일 아침 거울을 통하여 나의 허상을 보면서 살아왔다는 결론이 된다.

少年易老 學難成　소년은 늙기 쉽고 학문은 이루기 어렵다.
一寸光陰 不可輕　한순간이라도 가벼이 여기지 말자.
未覺池塘 春草夢　연못가 봄풀이 꿈에서 깨어나기도 전에
階前梧葉 已秋聲　섬돌 앞의 오동잎은 가을을 알려준다.

주자(朱子)가 지은 「우성(偶成)」이라는 제목의 이 시는 그 첫줄에서 '소년은 늙기 쉽고 학문은 이루기 어렵다'고 한 것으로 미루어 주자의 만년 작품임에 틀림이 없을 것이거늘 제목을 우성(偶成)이라고 했음에 묘한 느낌이 든다. 사전에 「우성(偶成)」의 뜻을 찾아보면 '우연히 이루게 되는 것' '뜻밖에 얻어지는 것'이라 했으니 주자가 이 시 정신을 우연히 깨우치게 되었다는 뜻일까?

다른 사람이 아닌 주자의 경우일진데 후학들에게 '세월은 나를 기다려주지 않는다'를 강조하면서 시간의 중요성을 한 평생 의중에 담고 살아왔지 않은가. 그러한 주자에게 있어서도 상상

할 수 없을 만치 빠른 시간의 속도감에 당황해하고 속절없어하는 '뜻밖의 깨우침'이었기에 이를 <우성(偶成)>이라 표제할 수밖에 없었던 절절함이 전해져 온다.

세월이 아무리 빨리 달아나는 것이라 해도 사계절을 거쳐 지나가는 것이라, 한 계절을 맞으면서 다음 계절을 준비할 수 있다고 생각했었는데 그게 아니라는 뜻밖의 깨달음이다. 봄이 와서 연못가에 풀들이 돋아나는 것을 보면서 쉬 풀꽃도 피고 풀벌레도 모여들 것이라는 생각을 미처 정리하기도 전에 오동잎은 이미 가을을 알린다는 놀라운 깨달음이다. 한 인생을 사는 것이 잠깐이거늘 봄 따로 가을 따로 생각할 겨를이 없다는 깨달음이다. 평생을 부지런히 수학(修學)하고 남에게 권학문(勸學文)하면서 살아온 노학자에게서도 만년에 토해내는 우성(偶成)이란 표현 속에 반성과 회한의 세월이 조용히 겸손해하고 있음을 느낄 수 있다.

주자가 떠난 지 800년이 지난 오늘 우연히 들여다 본 사진 속의 내 얼굴에서 나 나름의 '우성'을 갖게 되는 둔재(鈍才)의 둔감(鈍感)을 어이할꼬.

나의 두 얼굴 중에서 매일 보는 거울 속의 얼굴이 비록 편견이라 할지라도 보통 사람의 삶이야 어차피 허상을 좇아가는 착각의 연속일 것이니 나는 그것을 내 본연의 모습이라 생각하고, 사진 속의 얼굴이 나의 진상이라 할지라도 진실은 언제나 멀어서 외롭고 아픈 것이기에 나는 그것을 내 얼굴이 아닌 시간의 얼굴이라 생각하련다.

생명이 있는 곳에서는 시간만큼 위대한 스승은 없을 것이다. 시간은 가능성의 또 다른 모습이요, 꿈을 찾는 작업이다. 영혼의 몸부림이 모순에 부딪히면 방향을 바꾸도록 길을 터주고 생명 자체가 병들고 시들면 지우고 다시 태어나게 한다. 잘못된 모든 것을 용서하고 다시 시작하게 하는 시간의 여유로움이야말로 생명이 누리는 사랑의 실체가 아닐까.

그리스 신화에서 시간을 다스리는 신을 크로노스라 했다. 멀리 있는가 했더니 어느새 가까이 다가선 크로노스가 내 얼굴 위에 앉았던 어느 순간을 카메라가 포착하여 보여준 것이 B씨가 전해준 사진 속의 모습이었다. 이후로는 일 년에 한번쯤은 사진을 찍어 크로노스의 얼굴을 확인해야겠다. 내 얼굴 위에 앉아서 해마다 낯설게 변해 가는 크로노스의 얼굴을 직접 눈으로 확인하는 것이 시간을 깨우치는 최선의 방법일 듯하기 때문이다. 그래야만이 나의 게으름이 시간의 신 앞에 무릎 꿇게 될 테니까.

크로노스여! 내년 이맘때쯤 다시 당신께 문안드리리다.

# 손편지의 무게

육칠십 대 혹은 더 많은 나이테를 안고 살아가는 사람이라면 오래 전 어느 날 우체부가 전해주는 편지 한 통을 받아들고 보낸 사람의 따스운 정을 느끼면서 돌아가는 배달부의 수고에 감사했던 기억이 있을 것이다.

그런데 언제부터인가 편지로 오고가던 친지간의 정 나눔에 편지를 대신하여 e_mail이란 매체가 끼어들었고 이즈음에 와서는 휴대전화가 소통 역할을 전담하게 되어버렸다.

전화나 메시지가 아무리 신속하고 편리하다하여도 보내는 이의 체온이나 체취까지를 전할 수 없다는 약점이 보완되지 않는 한, 마음 전달의 매체로서 편지가 차지하고 있는 상좌(上座)를 넘볼 수는 없으리라는 게 내 생각이다. 편지 속에는 글씨라고 하는 그릇이 있어 쓰는 이의 체온이나 체취뿐만 아니고 그의 성격이나 인품까지도 담아낼 수 있는 신묘(神妙)함이 내재되어 있기 때문이다.

근래에 내가 받는 우편물의 대개는 판촉용 인쇄물이거나 업무용 서류이고 개인적인 것으로는 결혼청첩장 정도가 고작일 뿐이다. 어느 날 손에 쥔 우편물들 속에 고등학교 동문인 L교수가 발송한 봉투가 눈에 띄었다. 수 삼일 전 그의 부친 장례식에 문상을 갔던 일에 대한 답례의 인사장이려니 생각하며 봉투를 열었다. 예상했던 대로였긴 한데 활자로 인쇄된 것이 아니라 손으로 직접 쓴 원고를 사진으로 찍어 인쇄한 것이었다. 수많은 문상객들 개개인에게 육필의 인사말을 보낼 수는 없는 노릇이기에 원고 한 장만이라도 육필로 썼다는 것이 평소 신중한 처세로 존경받는 L교수의 인품에 걸맞는 답례라고 생각했다.

애써 쓴 육필편지를 고마워하는 마음으로 국한문을 혼용한 글줄을 읽어 내려가는데 마디마디에 나의 시선은 잠깐씩 멈춰 서고 있었다. 물 흐르듯 굽어 도는 한자체(漢字體)의 유려(流麗)함이 돋보였기 때문이다. 이어질 듯 끊어지고, 끊어질 듯 이어지는 행서체의 흘림이 붓이 아닌 펜으로도 한자(漢字) 획의 멋을 살려 놓을 수가 있구나 싶어 보고 또 보았던 운필(運筆)의 멋이었다.

글쓰기를 업(業)으로 하는 분들이라면 더 수준 높은 운필의 멋을 보여 줄 수 있을 것이나, L교수의 글씨는 전문가가 아닌 보통사람의 생활글씨라는 데 달필(達筆)보다 귀한 정이 묻어나고 있었다. 아내의 음식 솜씨가 요리전문가에 미칠 수 없다하여도 가족에 대한 사랑이 곁들어 있어 전문가의 요리에서 느낄 수 없는 소담스럽고 따스운 정이 곁들여진다는 것과 비유하면 될까?

요즘 TV에 <진품명품>이란 프로가 있는데, 먼 훗날에도 그 같은 방송프로그램이 있게 된다면, 서기 2000년대를 살다 가신 조상들께서 국한문(國漢文) 혼용의 펜글씨로 주고받던 간찰(簡札)문의 본보기로 제시됨직하다는 생각으로 하얗게 웃으면서 L 교수의 편지를 사물(私物) 서랍에 보관한다.

뇌리에 새겨져 잊히지 않는 또 다른 한 통의 편지가 있다.

1999년 초가을로 기억된다. 내 시집을 받아 본 후 답례로 써 보낸 서울 반포동에 주소를 둔 여류시인 J씨의 편지가 그것이다.

또박또박 쓴 한글 편지였는데 글자의 크기와 모양이 어찌 그리도 고르며 글자들의 붙임과 띄움은 말할 것도 없고 행간(行間)의 너비도 자로 잰 듯 반듯하여 인쇄물을 보는 듯하면서도 기계가 흉낼 수 없는 손의 온도가 전해졌다. 펜이 종이 위를 미끄러져 갈 때 누르는 힘과 속도와 방향에 따라 운필(運筆)의 멋스러움이 결정되는 것이거늘 J시인의 글씨는 잘 어우러진 단정함이 놀라웠다. 글자 한 자보다는 단어 하나가, 단어 하나보다는 한 줄에 생기가 돌았고, 한 줄보다는 그 한 장이 고운 그림이었다.

글씨가 아무리 멋스러워도 담긴 내용이 걸맞지 않은 편지는 빛을 잃고 마는데 '밖에는 비가 내리고, 겹겹으로 울던 매미소리가 한 오라기도 남지 않았습니다.'라 하여 소리 없이 떠나버린 계절의 여백에 외롭게 남은 시심(詩心) 색깔을 보여 주었고 '쉬이 다가올 추위 앞에 스스로를 정돈하기 위하여 오늘은 빛진 편지를 씁니다.'라는 끝맺음을 읽으면서 철지난 모시적삼에 고운 풀을 먹이고 다림질을 한 후에 장롱 속에 갈무리하는 어머니 모습이 비쳐는 것을 보았다.

나는 J시인을 만난 적이 없다. 그의 시정신이 어떠한지도 모른다. 그러면서도 그를 해묵은 지기(知己)로 생각하고 있는 것은 그 날의 편지 한 장 때문이다.

소설을 읽기보다는 영화보기를 즐기고, 편지쓰기 대신에 전화로 소통을 이어가면서 속도의 편의성에 빠져있는 우리들의 영혼은 얼마나 야위어지고 있을까가 염려스러워진다.

연말연시에 무더기로 오가는 연하장들 속에 손글씨의 편지 한 장이 들어있다면 백 장의 연하장이 어찌 그 편지 한 장의 무게를 따를 수 있겠는가. 일 년에 한두 번만이라도 아끼고 사랑하는 사람들에게 손편지를 보낼 수 있는 여유를 가질 때, 잃어가는 행복들 중에서 귀한 것 하나쯤은 지켜낼 수 있으리라는 나 혼자의 넋두리를 늘어놓아 본다.

# 아파트, 그 수직(垂直)문화의 바람

엘리베이터에 올라 버튼을 누른다. 2층, 3층, 4,5,6층을 지나 11층인 나의 집 앞에 왔다. 20여 초 만에 가만히 서서 좌우로 20세대의 이웃을 지나온 셈이다. 시골 같으면 20여 가구의 한 마을을 돌아 나오면서 자질구레한 소식들을 돌담 너머로 주고받는다. 곰보영감네 손녀가 읍내 농협에 취직이 됐다는 거며, 이장네 검둥이가 새끼를 열두 마리나 낳았다는 정보를 공유하면서 반 시간은 족히 흘려야 한다.

참으로 빨라진 세상이다. 그러나 좋아진 세상이라고 속단할 용기는 나지 않는다. 언제부터인가 우리는 자신도 모르는 사이에 수평의 문화에서 수직의 문화로 바뀌진 현실에 적응하면서 많은 것을 얻고 또 많은 것을 잃어가고 있으니까.

단독주택들이 모여서 마을이 되고 마을과 마을을 잇는 크고 작은 도로가 생겨 대규모의 취락구조로 번져가던 수평의 주거 문화는 아파트가 생겨나면서부터 하늘로 올라가는 수직의 취락 구조로 변해버렸다. 동리에 흩어져 살던 사람들이 언제부터인가 한 동(棟)의 아파트에 위아래로 촘촘히 붙어서 살게 된 것이다.

3.1 독립운동의 선언서에 '2천만 민중의 성충을 합하여 이를 선언한다' 하였는데 그로부터 100년이 흐른 지금 반쪽으로 갈라진 남한의 인구만으로도 5천만 명이 되었으니 가히 폭발적인 증가를 감당하기 위해서 수평이 아닌 수직으로 움직일 밖에, 철근과 시멘트로 거대한 탑을 높이 쌓아 하늘 공간에 아파트라는 이름의 잠자리를 틀고 살아온 지도 어언 오륙십년이 된 것 같다.

어디 주거환경뿐이겠는가. 땅속으로 굴을 파서 전차를 달리게 하고, 지난날엔 엄두도 못 내던 땅속이나 바닷속 수천 미터에까지도 손을 뻗어 부존자원을 채굴하는가하면 무한대의 하늘로 향하는 인간의 몸부림은 마침내 우주여행을 현실화하려하고 있다.

사이버 공간에서 하루가 다르게 새로운 모습으로 펼쳐지는 전자통신의 신천지는 지난날 유선전화로 불리던 수평문화의 탈을 벗어 던진 수직문화의 꽃밭이라 할 것이다. 하늘 길을 오가는 전파의 통로가 비좁아서 광폭의 통신 고속도로를 하늘나라에 건설하고 있는 기막힌 시대를 살아가고 있지 않는가.

편의(便宜)를 좇아 현실화 되고 있는 수직문화에 익숙해지면서부터 지난날에 그토록 소중히 여겼던 정신문화의 미덕을 잃어가는 것 또한 부인할 수 없는 사실이다.

어느 날 신문의 사회면에 실린 기사다. 새로 이사 온 위층에서 화장실 수리를 할 때 새어나온 물이 아래층의 화장실 벽을 얼룩 지웠기에 정중히 사과하고 원상복구한 후에 다시 공사를 진행하려하자 아랫집에서 공사 중지가처분 및 공사소음으로 인한 정신적 피해에 갈음한 위자료 청구소송을 걸어왔다는 것이다.

친척보다 더 가까웠던 이웃사촌은 어디가고 귀찮은 존재로서의 부정적 의미만 남은 아래위층일 뿐이니 싸늘하게 남이 되어 사는 이웃 간의 슬픈 풍경에 할 말을 잃는다. 문을 두드리면 사랑과 이해가 손에 잡히던 가족 같았던 그 이웃, 지금은 멀리 떠나버린 밝은 미소가 목마르게 아쉬워진다.

수평문화는 대화(對話)요 정(情)이다. 부침(浮沈)을 거듭하면서 흘러가는 한 자락의 여유로움이다. 그러나 수직문화는 허공에 매달린 힘이요, 경쟁이다. 자칫하면 내가 추락할 수밖에 없는 현실 앞에서 이웃 간의 사소한 일상마저도 소송으로 끌고가는 인간성 상실이 노정(露呈)되고 있는 게 아닐까.

'빨리 빨리'란 말이 한국인의 기질을 설명하는 대명사가 되어버린 지도 꽤나 세월이 흘렀다. 경제가 쾌속으로 성장해 왔던 것도 사실이고, 아파트의 키 높이도 경쟁하듯이 하늘로만 솟아올라 마침내 80층짜리의 고층시대를 열고 있다. 허공에 매달린 시멘트 상자 속의 안주(安住)는 폐쇄와 배격이라는 새로운 문화를 낳게 되니 병들어가는 정신문화의 외로운 모습은 미래세대가 해결해야할 새로운 숙제가 되었다.

'언론 없는 정부보다 차라리 정부 없는 언론을 택하겠다.'고 했던 토머스 제퍼슨의 논리에 요즘의 아파트 문화를 대입시켜 보면 '이웃 없는 수직문화의 편리함 보다 차라리 이웃 있는 수평문화의 불편을 택하고 싶다'는 표현이 된다.

세계 최고층의 건물을 지었다는 한국의 건축가들이여! 고층아파트의 병폐에 대한 진단(診斷)이 나왔으면 해결책은 찾을 수 있지 않겠는가. 하루가 다르게 잃어가는 수평문화의 목가(牧歌)적 정취를 수직의 문화에 접목시킬 내일의 청사진은 그려지고 있는가? 우리의 자손들이 각박한 실낙원(失樂園)이 아니라 꿈과 정이 영그는 복락원(復樂園)을 노래하면서 사람냄새 나는 집에서 살 수 있기를 기구(祈求)하는 바보가 되어본다.

# 자기를 찾아가는 여행

정년퇴직으로 공직에서 물러난 후 서울의 도심을 떠나 경기도 일산에다 자리를 틀고 사는 친구 K가 예고도 없이 내 사무실 문을 열고 들어서는 것이다. 그의 아내도 뒤따라 들어왔다. 내외가 다 간편한 복장에다 등산모자와 운동화와 배낭까지 메었으니 마음먹고 여행길에 올랐음을 얼핏 보아도 알 수 있었다.

옛 친구도 만날 겸 여름 바다가 그리워서 부산을 찾아왔다는 것이다. 자갈치에서 나룻배를 타고 영도로 건너왔는데 몇 십 년 만에 나룻배를 타본 기분이 어찌나 좋든지 돌아갈 때도 다시 타야겠다는 것이다.

내 사무실에서 내려다보는 바다 풍경은 흔히들 얘기하는 푸른 물결, 흰 파도, 점점이 흩어진 섬들의 서정적 정취와는 거리가 먼 우중충한 물빛에 크고 작은 고깃배들이 서로의 옆구리를 끼고서 무질서하게 늘어서있는 평범한 어항의 선창가 모습일 뿐이다. 그런데도 K는 피부 속속들이 배어 있는 어린 시절의 정감을 더듬는 듯 연신 창밖을 내다보면서 '부산이 좋다' '영도에 오니 마음이 포근해진다' '여기에다 조그만 아파트 하나 장만하려면 얼마나 들까' 등등 고향을 그리는 말만을 늘어놓았다.

다담(茶談)을 나누면서 한 시간쯤 머물렀을까, K내외는 풀었던 배낭을 다시 메고 일어섰다. 한길까지 그들을 배웅해 주며 도선장(渡船場)으로 걸어가는 뒷모습이 멀리 사라질 때까지 지켜보았다. 노부부(老夫婦)가 고향을 찾아와 옛 추억들을 만져보고 돌아가는 뒷모습은 꺼져가는 장작불에서 솔 냄새를 찾고 있는 그림 한 폭이었다.

상품화된 여행은 먹여주고 재워주고 비행기나 자동차를 태워주고 안내원의 손가락이 가리키는 곳에서 새로운 문물을 구경하는 것이다. 이 같은 동물적 편안함이야말로 신경과민이 되어버린 현대인에게는 더할 나위 없이 편한 놀이라 할 것이다. 단지 놀이마당에 <나>는 없고 놀이의 부품(部品)이 되어버린 <관광객>이 있을 뿐이다. 그러나 K의 경우처럼 자기가 흘러온 길을 뒤돌아보는 일에는 아무도 범접할 수 없는 자기만의 세계가 있다. 비록 이름 없이 살아온 범부(凡夫)의 길이라 할 지라도 타성에 젖어 똑똑히 보지 못했던 자신의 실상(實相)과 그 변모를 성찰하는 일이니 개인적으로야 어찌 조상들의 유적을 찾아보는 일에 못 미친다 하겠는가.

아주 오래 전에 보았던 영화<무도회의 수첩>의 장면들이 눈앞을 스쳐간다.

남편과 사별하게 된 미망인이 해묵은 살림들을 정리하다가 처녀시절에 사용했던 수첩 하나를 발견하게 된다. 그 속에는 옛 친구들은 물론이고 가끔씩 데이트하며 마음 줬던 사람들, 무도회에서 함께 춤을 추었던 멋쟁이 사내들의 주소와 전화번호가 들어 있었다. 그들은 지금 어떻게 살고 있을까? 궁금해진 미망인은 수첩을 핸드백 속에 넣고 잃어버린 옛 사람들의 오늘의 모습을 찾아 떠나는 순례여행을 담담하게 그려놓은 명화였다.

과거를 찾아가는 미망인의 여행은 홀로 된 자신의 외로움 때문일 수도 있고, 옛 친구에 대한 그리움 때문일 수도 있다. 그러나 그 보다는 꿈 많던 시절의 친구의 얼굴 위에서 잊고 살아온 자신의 모습을 찾아보고 싶은 충동이 더 컸기 때문이리라. 남편과 함께했던 결혼의 그늘에 가려서 보이지 않던 자신의 꿈, 자신의 뿌리를 생각해보는 미망인의 심정 바로 그것이 오늘 내 친구 K가 아내와 함께 어린 시절 뛰놀던 고향마을을 찾아 온 것과 같은 것이 아닐까. 막이 내리고 있는 무대 뒤에서 자신의 연기를 더듬어 보는 회고와 반성의 조용한 몸부림이 아름다워 보였다.

70대 후반을 살아가는 부부의 담담한 정이 고향보다 더 고향다운 표정으로 두 사람의 배낭 위에 앉아 있었다.

# 하서당(荷鋤堂)이야기

Y씨가 간월산 중턱에 집을 짓는다는 얘기를 처음 들었을 때는 흔히들 여유롭게 살고자 하는 사람들의 별장 같은 것이려니 하였다. 평소 Y씨의 삶은 도심의 한 가운데로 불어오는 세파(世波)를 남들보다 민감하게 즐기면서 살아가는 사람으로 느껴졌기 때문이다. Y씨는 그 집을 '시골집'이라 부르면서 주말마다 찾아가고, 나이 들면 그곳으로 거처를 옮길 것이라지만 주위 사람들은 그 말을 믿으려 하지 않았다.

내가 Y씨의 시골집에 초대를 받아 갔을 때, 꿩을 키우고 있는 축사(畜舍)가 살림집보다 더 컸다는 것과, 집 뒤편으로 50평쯤 되어 보이는 텃밭에 상추, 무우, 고추, 오이, 가지 등등의 소채들을 심어 직접 키우고 있다는 것이 평소 그에 대한 나의 선입견과는 사뭇 다르게 느껴졌다. 농사를 지어본 적이 없는 도회지의 멋쟁이가 시행착오를 겪어가는 농사의 고달픔을 웃으며 얘기 하고, 손수 지어낸 무공해 야채를 먹는 즐거움이 육체적 피로를 견디기에 충분하다는 대목에서 그의 얼굴을 다시 한 번 쳐다보게 되었다. 체력의 한계를 알게 되었기에 아랫마을 사람들에게 도움을 청하고 싶었으나 품삯이 너무 비싸서 애당초 지녔던 농사 욕심을 반쯤은 버릴 수밖에 없다는 것이니 서투른 농군의 의지가 이제 막 고개를 치켜드는 배추의 떡잎 같아보였다.

Y씨의 시골집 타령은 겉멋 부리는 자기과시가 아니라는 걸 알 것 같았고 나의 잘못된 선입견에 죄송스러움을 느끼면서, 그 시골집 당호(堂號)를 지어달라는 청(請)을 받게 된다.

고문진보(古文眞寶)를 펼쳐놓고 도연명의 시골생활에 얽힌 시편들, 귀전원거(歸田園居) 5수를 숙독해본 후 한 구절을 뽑아본다.

種豆南山下 草盛豆苗稀
侵晨理荒穢 帶月荷鋤歸
남산 아래 콩을 심었더니 풀만 무성하고 콩 싹은 드문드문하다
새벽에 밭에 나가 잡초를 매다가 달빛 받으며 호미 메고 돌아오는데--

'그래 이 구절이야, 호미 메고 돌아오는 농부의 머리 위로 달

빛이 흐르는 그림이야말로 Y씨의 모습으로 적격이야'

<호미 메고 돌아오는 집> '하서당(荷鋤堂)'은 이렇게 Y씨의 시골집 당호(堂號)가 된다.

그 후 몇 년이 흐른 지금 Y씨는 좀 더 시골스러워졌다. 주말에 하루정도 다녀오던 하서당(荷鋤堂) 나들이에도 동리 사람들이 Y씨를 이웃으로 생각하게 됐다는 것과 아랫동네 온천목욕탕에서 동네 사람들에게만 주는 할인 혜택을 Y씨에게도 준다는 것을 자랑처럼 말하고 있으니 촌사람으로 변해가는 게 저리도 좋을까 싶은 의구심까지 든다.

한국의 산야(山野)에 지천으로 자생하는 소나무들이지만 하서당을 에워싸고 있는 송림에 대하여 Y씨는 이렇게 말한다. 인간 다람쥐라 불리는 전지(剪枝)전문가를 초빙하여, 한 나무, 한 나무마다 균형 잃은 가지들을 솎아내고 조화롭게 다듬고 보니 산속의 평범한 송림이 아니라 연륜과 멋이 어우러지는 정원수로 태어나게 됐다는 것, 어쩔 수 없이 이들을 양자입적(養子入籍) 시키게 되니 식구가 너무 많이 불었다는 것이다. 농담으로 하는 얘기 속에 자연에 대한 그의 뜨거운 사랑이 스며있어 그냥 듣고 흘려버리기에는 건더기가 남는 정담이었다.

네 마리의 개가 하서당(荷鋤堂)을 지키고 있는데 그 이름이 <해> <달> <산> <물>이라 한다. 자연에 동화되고 싶은 생각이 해와 달이 되고 산과 물이 되어 촌사람보다 더 촌스러워지고 싶은 생각을 개들의 이름으로 읊어 본다는 얼뜨기 시골인의 변(辯)이다. 고급 옷 입히고, 예쁘게 파마시켜 왕자처럼, 공주처럼 모시고 사는 애완견보다야 해 뜨면 해와 놀고, 달뜨면 달과 놀고, 물소리 들으며 산에 사는 우리 아이들 <해>와 <달>과 <산>과 <물>이 산꿩 냄새 맡고 덤불을 뒤질 때 내 가슴속으로 멀리 있는 산이 쑤욱 들어오는 행복을 맛보게 된다는 반풍수의 변(辯)이 이채롭다.

애인과 별장은 생기는 날부터 머리가 아파진다는 우스갯소리가 있다. 도시 생활을 정리하고 시골로 돌아가는 귀농인도 아니요, 그렇다고 별장의 한거(閑居)를 즐기는 호사가(好奢家)도 아닌 Y씨의 마음자리는 어떤 모습일까? 스스로의 땀과 열정으로 흙과 숲을 벗하면서 촌부(村婦)를 흉내 내는 도시인, Y씨의 변신은 어디까지 갈 것인 지가 궁금해진다.

시중에서 구할 수 있는 빈 페트병을 모아 창고에 쌓아두었다가 찾아오는 지인(知人)들에게 물 한 병 담아 선물한다하니 그의 가슴에도 어느덧 간월산의 물줄기가 배어들고 있는 것일까?

황혼이야기

2023년 12월 18일 인쇄
2023년 12월 20일 발행

지은이 | 안건일
펴낸이 | 박중열
펴낸곳 | 다솜출판사
부산광역시 중구 대청로 135번길 10-1
TEL.(051)462-7207~8 FAX. 465-0646
등록번호 1994년 4월 22일 제325-2001-000001호

정가 15,000원

* 저자와 협의에 의해 인지를 생략합니다.

ISBN 978-89-5562-~~749-7~~ 03810
0761-9